U0796576

知识生产的原创基地

BASE FOR ORIGINAL CREATIVE CONTENT

颉腾商业

JIE TENG BUSINESS

The Digital Mindset

What It Really Takes to Thrive in the Age of Data, Algorithms, and AI

数字思维

AI时代的生存法则

[美] 保罗·伦纳迪（Paul Leonardi）
策达尔·尼利（Tsedal Neeley） 著
韩知白 陶怡 译

中国工商出版社

责任编辑：张欣然
封面设计：王建敏

图书在版编目（CIP）数据

数字思维：AI时代的生存法则 / (美) 保罗·伦纳迪，(美) 策达尔·尼利著；韩知白，陶怡译. -- 北京：中国工商出版社，2025. -- ISBN 978-7-5209-0354-7

Ⅰ. TP18-49

中国国家版本馆 CIP 数据核字第 2025WU8976 号

北京市版权局著作权合同登记号 图字：01-2025-1941 号

书　　名 / 数字思维：AI时代的生存法则
作　　者 /［美］保罗·伦纳迪　策达尔·尼利
译　　者 / 韩知白　陶　怡

出版．发行 / 中国工商出版社
经销 / 新华书店
印刷 / 文畅阁印刷有限公司
开本 / 650 毫米 × 910 毫米　1/16　**印张** / 12.5　**字数** / 175 千字
版本 / 2025 年 7 月第 1 版　2025 年 7 月第 1 次印刷

社址 / 北京市丰台区丰台东路 58 号人才大厦 7 层（100071）
电话 /（010）63730074，63783283　**电子邮箱** / fx63730074@163.com

书号：ISBN 978-7-5209-0354-7
定价：79.00 元

献给罗达（Rodda）、阿梅莉亚（Amelia）、诺拉（Norah）和伊丽莎（Eliza），他们都拥有睿智的思想，但更为可贵的是，他们勇于跳出思维定式，不断升级思想。

——保罗·伦纳迪

献给我身边最智慧的人，我的母亲。她具备好奇心、勇气和终身学习的品质。

——策达尔·尼利

赞誉
Praise

时至今日，每家公司都或多或少成了一家科技公司，熟练掌握数字思维可能是每个人在未来取得成功的重要基石。无论你是期望成为一位更好的领导者，还是想更好地应对技术变革对你职业生涯的冲击，抑或只是想对当前和未来的商业社会有更深的理解，本书都是一本极有价值的书。

三木谷浩史

乐天集团创始人、主席兼 CEO

如果你担心在不久的将来，算法会取代人的判断，人会在大数据面前显得落后，而机器人会取代人的工作，那么本书正是为你所写的。保罗·伦纳迪和策达尔·尼利是研究科技会如何改变人类工作方面的顶级专家，他们在本书中提供了非常切合实际的建议，帮助你理解这一场正在发生的数字变革，以及如何在其中乘风破浪。

亚当·格兰特（Adam Grant）

《纽约时报》畅销书《重新思考》作者、TED 知名博客“工作与生活”主理人

“你要变得更数字化”，这似乎已经是老生常谈。现在总算有本书能够向我们解释这句话的真实含义，赋予数字化这个流行词真正的内涵。保

罗·伦纳迪和策达尔·尼利通过清晰而又细致的讲述，帮助各位读者培养数字思维，更好地迎接数字未来。

谢莉·阿尔尚博（Shellye Archambeau）

软件公司 MetricStream前 CEO、《雄心无须掩饰》作者

企业数字化不仅需要一个极好的战略，更需要从管理者到普通员工的快速行动，以便企业在数字时代立于不败之地。所有员工都应首先具备数字思维与认知，本书就是最好的开始。

杰夫·亨利（Jeff Henley）

甲骨文公司执行副主席

本书具有突破意义，是帮助你培养数字思维并在工作中运用或领导的理想指南。它极其实用，让数字化转型对每个人都变得触手可及，只要你愿意学习这种新的、围绕 3C［协作（collaboration）、计算（computation）与变革（change）］的思考方式去解决复杂的系统问题。更妙的是，你不用自学成为计算机大佬，就能够运用这些法则来改变你的组织。

比尔·乔治（Bill George）

哈佛商学院高级研究员，医疗创新公司美敦力前主席兼 CEO，畅销书《发现真正的北极星》作者

伦纳迪和尼利为那些希望在数字时代中胜出的领导者提供了不可或缺的且具有基石意义的指南。在本书中，作者成功地兼顾了对关键概念的简明阐述与实际应用的操作建议。

休伯特·乔利（Hubert Joly）

百思买前主席兼 CEO，哈佛商学院高级讲师，《商业的核心》作者

译者序
Preface

在数字环境中把握新机遇

在这个被数据、算法和人工智能重塑的时代，“数字化转型”已经从一个商业术语演变为每个组织和个人必须面对的现实挑战。无论是企业高管、职场人士，还是刚刚踏入社会的年轻人，我们都在思考同一个问题：如何在这个数字驱动的世界中保持竞争力并实现持续成长？

因长期关注数据分析和数字化转型，我有幸接触到保罗·伦纳迪和策达尔·尼利的《数字思维：AI时代的生存法则》一书。在翻译的过程中，我不断被书中那些深刻而实用的洞见所启发，也更加确信这本书对中国读者的重要价值。

为什么我们需要数字思维

当我们谈论数字化时，很多人的第一反应是恐惧和焦虑。他们担心自己需要掌握编程、算法、人工智能、机器学习等复杂技术，才能在数字时代立足。这种担忧在中国尤为普遍，因为我们的数字化进程来势汹汹，从移动支付到电子商务，从共享经济到智能制造，数字技术正以前所未有的速度重塑我们的生活和工作方式。

然而，正如本书作者所揭示的，成功应对数字化挑战并不需要我们都成为技术专家。相反，我们需要培养的是一种“数字思维”——一种能够帮助我们在数字环境中提出正确问题、做出明智决策并把握新机遇的思维方式。

尤其令人欣慰的是，作者提出了著名的“30% 法则”：我们只需掌握数字、数据相关专业知识的 30%，就能获得足够的数字素养，理解并利用数字世界的基本规则。这就像学习某一门外语，你不需要掌握全部 12000 个词，只要掌握其中 30%（约 4000 个词）就能进行有效沟通。这一观点无疑会给许多对数字化望而生畏的读者带来信心和希望。

三种数字思维方法的启示

《数字思维》一书最大的贡献在于提出了培养数字思维的三种方法：协作（Collaboration）、计算（Computation）和变革（Change）。

数字时代的协作将不再仅仅是人与人之间的合作，还会包括许多人与机器的协作。我们需要学会如何让机器按照我们的意愿工作，同时信任或是质疑机器的预测和建议。这一点对于中国企业尤为重要，因为我们正处于人工智能应用的前沿，从智能客服到辅助驾驶，从推荐算法到智能制造，人机协作正在各个领域展开。

在计算方面，我们需要理解数据是如何驱动我们的数字世界的，尤其是在人工智能领域。数据不是客观存在的事实，而是人为收集和解释的结果。我十年前的译著《精益数据分析》中一个很重要的观点是，数据分析不仅仅是一门类似编程一样的技术，更是一个理解业务、提出正确问题并从数据中获取洞见的过程。《数字思维》进一步强调了这一点，并提供了实用的框架帮助非技术人员理解和利用数据。

至于变革，数字世界的快速演进要求我们培养员工拥抱新技术并在变化环境中持续学习的能力。中国企业在过去几十年经历了从追赶到引领的转变，但数字化转型仍然面临诸多挑战，尤其是人才培养和组织变革方面。本书提供的变革管理框架，将帮助中国企业领导者更好地规划和实施数字化转型。

中国数字化的独特路径与挑战

中国的数字化发展呈现出独特的路径。一方面，我们在移动支付、电子商务、共享经济等消费互联网领域实现了跨越式发展，甚至在某些方面领先全球；另一方面，在产业数字化、企业数字化转型等方面，我们仍面临诸多挑战。

如同我在《国际化怎么做？十年中国 App 出海编年史及方法论》一文中的观察，中国企业在数字化进程中既有数据基础设施和技术人才储备方面的优势，也面临着数据安全、高端芯片过度依赖进口、企业管理文化偏传统等瓶颈。《数字思维》一书虽然主要基于美国和欧洲的案例，但其核心理念和方法论对中国企业和个人同样适用，甚至可以说更为急需。

特别是书中强调的“数字思维不是技术思维，而是一种理解和利用数字技术的思维方式”这一观点，对中国企业尤为重要。在我们的数字化进程中，往往过于关注技术本身，而忽视了思维方式和组织文化的转变。正如作者所言，真正的数字化转型不仅仅是技术的更新换代，更是思维方式和工作方式的根本变革。

翻译中的思考与收获

在翻译这本书的过程中，我面临的最大挑战是如何准确传达原作者的思想，同时使其与中国读者的实际情况相契合。数字化领域的许多概念和术语在中英文语境中有着微妙的差异，需要仔细斟酌才能找到恰当的表达。

例如，书中反复强调的“digital mindset”一词，直译为“数字思维”似乎不足以传达其丰富内涵。它不仅包含对数字技术的理解和应用，还包括一种在数字环境中思考问题、解决问题的方式。在翻译中，我尝试通过上下文和具体案例来丰富这一概念，使读者能够全面理解其含义。

另一个挑战是如何处理书中的案例和实践建议。原书中的许多案例来自美国和欧洲企业，可能与中国读者的经验有所差异。在翻译过程中，我尽量保持原作的准确性，同时在必要处添加简短注释，帮助读者理解案例背景并思考其在中国环境中的应用。

通过翻译这本书，我自己对数字思维的理解也得到了深化。特别是书中关于“数据是社会的产物”这一观点，让我重新思考了数据分析的本质和局限性。在当前人工智能和大数据热潮中，我们往往过于迷信数据和算法，而忽视了数据背后的人为因素和价值判断。这一洞见对于正确理解和应用数字技术至关重要。

给不同读者的阅读建议

《数字思维》适合各类读者，但不同背景的读者可能有不同的阅读重点。

对于企业领导者和管理者，本书提供了数字化转型的整体框架和实施路径。特别是第三部分关于变革管理的内容，将帮助你规划组织的数字化转型并培养团队的数字能力。书中提出的“数字化转型不是公司的目标，而是实现公司目标的手段”的观点，对于正在推动组织变革的领导者尤为重要。

对于职场人士，无论你是否从事技术工作，本书都能帮助你理解数字化对职业发展的影响，并提供实用策略来提升自己的数字素养。30% 法则将给你信心，让你相信自己能够掌握必要的数字技能，而不必成为编程专家或数据科学家。书中强调的跨界协作能力、数据思维和适应变化的能力，正是未来职场中最具价值的核心竞争力。

对于学生和教育工作者，本书提供了理解数字时代核心能力的框架。在设计课程或规划职业发展时，可以参考书中提出的数字素养模型，培养真正有价值的能力。特别是书中关于“数字原住民”和“数字移民”的讨论，有助于理解不同代的人在数字化适应方面的差异，从而更好地规划教育和学习路径。

我建议读者不要将本书视为一本技术指南，而应将其作为一本思维指南。书中的价值不在于教你具体的技术技能，而在于帮助你形成一种在数字世界中思考和行动的方式。在阅读过程中，不妨结合自己的工作和生活经验，思考如何将书中的理念应用到实际情境中。

数字思维的未来展望

随着人工智能、元宇宙、区块链等新兴技术的发展，数字化转型将进入新阶段。在这个过程中，技术本身可能会不断变化，但理解和应用这些技术的基本思维方式将保持相对稳定。正如本书所强调的，培养数字思维不是为了掌握特定技术，而是为了在不断变化的数字环境中保持学习和适应的能力。

中国正处于数字化转型的关键时期，既存在巨大机遇，也面临严峻挑战。一方面，我们拥有全球最大的数字市场和活跃的创新生态；另一方面，我们也面临着数字鸿沟、数据安全、技术伦理等复杂问题。在这个背景下，《数字思维》一书提供的框架和方法将帮助中国读者更好地理解和应对数字化挑战。

值得一提的是，本书原版出版于 2022 年，正值全球数字化转型加速的时期。两年多来，ChatGPT 等生成式人工智能的爆发式发展，进一步印证了书中关于数字思维重要性的论断。在这个技术日新月异的时代，掌握数字思维比掌握任何特定技术都更为重要。

最后，我要感谢作者创作了这本富有洞见的著作，感谢出版社给予我翻译这本书的机会，感谢共同译者、北京外国语大学的研究生陶怡同学高水平的翻译工作，也感谢所有为本书中文版出版付出努力的同仁。更要感谢读者选择阅读本书，希望这本书能够帮助你在数字时代找到自己的方向和道路。

数字化转型不是目的地，而是旅程。让我们带着数字思维，共同探索充满各种可能的未来。

韩知白

于浙江湖州

2025年4月13日

目录
Contents

第二部分　计算

第三部分　变革

引言

我们所创造的世界，是伴随着我们的思维产生的。如果不改变我们的思维，我们也就无法改变我们所处的世界。

——阿尔伯特·爱因斯坦（Albert Einstein）

在纽约曼哈顿工作的萨拉·门克尔（Sara Menker）坐在桌前，凝视着电脑屏幕。那是2008年的夏天，在萨拉的眼前，美国金融市场正上演着一场大崩盘。作为摩根士丹利的能源类大宗商品交易员，萨拉知道屏幕上显示的数字是灾难性的。她转头看去，邻座的男同事正在大声叹息。他把脸埋在双手中，仿佛在躲避什么可怕的东西。"世界末日要来了，"这位男同事说道，"这是末日的审判，我们最好开始购买黄金。"

"如果世界经济崩溃了，你要那些黄金做什么？"萨拉突然说道，"别想黄金了，买一袋土豆吧！你需要土豆。我们都需要土豆。"

萨拉的男同事笑了，然后萨拉也跟着笑了起来，带着些许尴尬。

到了晚上，萨拉仍然在思考土豆的问题。在埃塞俄比亚（一个有着灾难性饥荒历史的国家）出生、长大的她，对食品安全的价值的理解可能和她的华尔街同行们不太一样。她很快开始研究她家乡埃塞俄比亚的农田价格。在运用了她的交易员思维之后，她看到了一个投资机会。家乡的土地很便宜，某些地区的价格每英亩①只要1.5美元。想要购买数万英亩的土地似乎也不是什么难事。

在这一想法的驱使下，萨拉决定踏上回乡的旅程。在农业方面，萨拉

① 1英亩约4047平方米。

可以说是一位彻底的小白，但作为华尔街交易员，她对自己快速了解一个行业的能力十分有信心。然而在回归田野几天之后，她所见的一切让她瞠目结舌。想要在埃塞俄比亚种好农作物，农民首先需要购买农作物保险。问题是，没有地方可以买到农作物保险。雪上加霜的是，银行不会借钱给没有农作物保险的农民，农民投资生产的成本因此高得离谱。加之很多土地偏远、荒芜，意味着农民还要付出修路和平整土地的成本。一个农民基本上先要完成一整套农业基建，才可以开始种植土豆。这些种地的前置投资，对大部分人（包括萨拉）来说太过昂贵，风险也太高。因此萨拉很快放弃了在老家种土豆的想法。

但萨拉在埃塞俄比亚的所见所闻，始终令她如芒在背，难以忘记。如果农民种地不顺利，人民就容易饿肚子。当地农业系统所能支持的农作物产量很快会供应不上人民的需求。“下一次市场崩溃的时候，”萨拉告诉我们，“人民失去的将不只是金钱，还可能是赖以生存的粮食。人民可能会挨饿，政府可能会垮台。”萨拉十分忧虑可能发生的全球粮食危机，她感觉自己有义务做点什么。于是她辞去了在摩根士丹利的工作，决定投入这项事业。

五个月后的一个星期五，萨拉在她的餐桌旁聚精会神地敲着电脑。时间已近午夜，萨拉本来几个小时前就准备睡了，但她必须再看一眼从傍晚就一直在做的一长串 Python 代码。如果不是窗外一片漆黑，她甚至可能意识不到时间已过去了这么久。她从头到尾又读了一遍代码，鼻子都快贴到屏幕上了，她需要完全理解这个程序的工作原理，以及它会从哪里抓取数据来训练背后的核心算法。“好了，有进步，”她对自己说着，同时合上了笔记本电脑，“明天继续。”屋外，只有零星的灯光装点着她刚从纽约搬到的这个非洲农业小镇。作为一位在华尔街成功打拼出来的黑人女性，她对类似逆境并不陌生。她知道没有捷径可走，她必须自己理解这些数据。

是什么力量驱使着这位事业有成的华尔街能源大宗商品交易员辞掉工作、飞越半个地球，最后又半夜在家改代码？因为萨拉惊奇地发现，哪怕像农业这样的领域，也正经历着一场巨大的数字化转型。一个由传感器、预测工具和数据库等数字科技组成的全新的且全球化的系统，使得今天的农民、科研人员和行业分析师能够以极快的速度，大规模地收集、存储与作物、天气条件以及土壤和水土流失有关的大数据。

数字工具已然将农业变革为数据密集型的工作，但萨拉是极少数了解这一点的行业外人士之一。为什么她可以先别人一步发现这个秘密？因为她更敢于提出自己不懂的问题，并探索下去。本来只是想找个资产对冲全球金融危机的萨拉，无心插柳，发现了一个可能是21世纪人类社会最重要的真相：再也没有什么生产活动可以脱离数字科技以及与之伴生的数据而存在了。数据的产生、获取与存储都将成为任何生产活动的有机组成部分。

萨拉在研究中发现，农业的每个环节都会自动累积巨量的数据。但这些数据很分散，没有哪个地方可以一站式地访问这些详细数据，而农业属性又要求研究者不得不整合世界各地的数据。农业，作为一个生态系统，是由多个大陆的情况交织影响着的。以埃塞俄比亚的咖啡市场为例，首先它显然会受邻国如乌干达、肯尼亚的影响，其次它可能更受远方地区如越南和巴西等的影响，因为后者才是最大的咖啡生产国。埃塞俄比亚的咖啡种植者可能需要了解每个咖啡产区的生产情况，这意味着需要了解全球多地的气候和市场情况。此外，了解欧洲的消费趋势也是至关重要的，因为德国是世界上最大的咖啡进口和再出口国，对全球咖啡价格影响巨大。以上逻辑，对于其他作物亦然。由于咖啡与茶叶直接竞争，了解茶叶市场也很重要。萨拉认为，对传统农业而言，想要摸清这些相关联的情况，实在太难或代价太高。如果全球农业市场本身就在各个方面相互依存，那么相应的数据也需要融会贯通，才能发挥最大的作用。

标价每英亩1.5美元的埃塞俄比亚的土地，如果将开发土地的全部前置成本（包括保险、基础设施等）都计算进去，其真实的土地开发成本将达到惊人的每英亩1.2万美元，萨拉至今都记得自己第一次计算得出该结论时有多震惊。为什么在美国投资农业，反倒会比在埃塞俄比亚便宜得多？因为美国有大量的、触手可及的农业数据与分析，可以帮助农业投资者在出手前评估以及规避风险。在一些非洲国家，银行不提供贷款，保险公司不提供保险，物流运营商也不存在，因为在这些行业都没有充分的数据支撑它们开展这些业务。如果这些机构无法通过数字理解非洲某一地区的生产周期，它们又如何能够为农民所承担的风险定价呢？

至此，萨拉终于找到了她在后金融海啸时代的工作使命：串联与解读数据，让预测全球生态系统的动态成为可能。她作为大宗商品交易员的工作经历，赋予了她良好的数据分析技能，让她能够将看似无关的数据点串联起来，识别出可能存在的机会。如果不是因为她养成了一套数字思维，她不可能理解如何利用一个强大的、专门用于连接碎片化数据集的数字平台来彻底改变农业。她的数字方法使她能够创办一家专注于农业的数据分析公司——生长智能公司（Gro Intelligence）。

生长智能公司在纽约和肯尼亚的员工合作开发了一个平台，可以处理超过4000万个独立的农业数据集，总计超过500万亿个数据点。利用来自多个国家的数据输入以及实时的卫星影像信息，萨拉的公司研发出了一个使用机器学习算法来提供每日详细天气预报的预测引擎。他们的预测结果足以影响农业市场的走势，预测模型的准确度长期优于美国农业部给出的预测结果。2019年，生长智能公司开始入局大宗商品市场，提供实时的大宗商品生产数据。这些数据在之前通常是由美国农业部提供，但由于2019年美国政府“关门”，数据的提供中断了。

几年前，萨拉与农业的最大交集还仅限于一些与土豆相关的玩笑话。而在数字时代的大背景下，萨拉已经成为一个和粮食生产一样重要的行业领军人物。当然，学习一些计算机技能，比如深入理解代码并知道它所提取的数据来源，在萨拉的成功路上起到了一些作用，但这背后更本质的并不是她所习得的这些技能，而是萨拉一以贯之的一种思维：勇于承认自己的无知，并随时准备好学习自己未知的领域。当她开始调查埃塞俄比亚的农业时，她不知道如何获取农业数据，也不知道这些数据为什么会以这样的方式被组织，于是她开始提出大量的问题。当她尝试厘清如何构建可以实时、可视化地反映大量农业数据的动态地图时，她找到了老同学，一位软件工程师，后者曾向她介绍云计算平台的大数据处理能力。当萨拉想学习如何利用数据构建环境模型时，她找到了该领域顶尖的专家——南达科他州的一位农业教授。为了帮助农民筛选好用的数字化产品，她开始学习实验方法，同时她开始思考，如何确保产品数据安全。

至此，我们可以断言，萨拉已习得数据这种“魔法”。这一套以数据为基础的学习过程，针对美国、埃塞俄比亚和世界其他地方的农业发展问题，为她提供了答案。所有问题，在萨拉这里，都可以归结为一个问题：无论是哪方面的问题，她都可以找到一个可以请教的、权威的人。这种谦卑，在企业高管中是史上罕见的，且对于萨拉的数字思维的形成至关重要。

多年前，当萨拉坐在摩天大楼的办公室里，俯瞰着脚下的华尔街时，她从未想象过自己将会经营一家极其成功的人工智能公司，还能入选《时代》(*Time*)杂志，被评选为2021年百大最具影响力公司之一。那时候，她还不理解“拥抱数字化”意味着什么，也缺乏相关的知识和技能，但她在当时已经看到周围的世界正在发生变化，并意识到，为了成就一番事业、帮助自己在生活和职业生涯上更上一层楼、在快速剧变的时代取得成功，她必须具备数字素养。在这个过程中，她学会了计算机的基本原理，如何整合数据，如何横跨大西洋管理员工并与他们保持良好的关系，如何设计公司的架构，使其能够在瞬息万变的动态数据中快速决策。但对于自称“非技术人员”的萨拉来说，这个成功故事中最关键的一步并不是她在创业过程中学习的任意一项硬技能，而是她从一开始就在坚定地践行、应用数字思维，使得后续的一切顺理成章。

萨拉的成功之路证明了一点：适应当今数字世界的运行方式，对于个人成功至关重要，而且每个人都能做到。所有你需要的，是学会数字思维。

本书的初衷是帮你在掌握数字思维的路上迈出关键的第一步。我们重点不在于教授在数字世界中生活需掌握的那些具体技能——这些可以放到后面学，本书旨在帮你站上正确的轨道。本书希望帮到那些已经意识到所有行业的竞争在加剧且参与数字化生态、数字化转型刻不容缓的读者。

很多人都清楚地听到了客户对数字化解决方案的需求，他们还看到管理者对以前看来非技术相关岗位的员工，在数字运用能力方面已开始提出更高的要求。他们深刻地意识到，如一些世界上最有远见的领军人物所说的，数字时代正在对工作方式、行业结构以及人们的协作方式带来根本性变革。

正如传奇的思科公司的前首席执行官约翰·钱伯斯（John Chambers）在他的卸任演讲中所讲的："信息时代所发生的所有变革，包括互联网的价值，在正在降临的数字化时代面前都相形见绌。作为公司领导，如果你不能及时转型，以创新的方式应用数字化技术；如果你不能重塑自己，调整你的组织架构；如果你不关心创新正在以多快的速度发生——你将注定会被颠覆，并且是惨烈地被颠覆。未来10~15年中，大多数公司的存在将不再有意义。"钱伯斯并不喜欢危言耸听。

然而，很多人仍然先入为主地认为自己因为"不懂技术"，所以学不会数字思维。有这种想法并不奇怪，因为我们早已习惯了把人分为技术人员和非技术人员两种，但是这套范式已经过时。无论我们的工作是硅谷的软件工程师、好莱坞广告公司的市场营销人员、食品生产行业的企业家，还是任何学科的讲师，我们都已无可争辩地置身于数字化洪流中，不得不成为数字化工作者。想脱离旧范式有时并不是一件容易的事，甚至在很多情况下，改变自己的思维、观念会比掌握一项技术或技能更难。我们写作本书的目的便在于此——帮助读者建立数字思维，跳出旧范式。

阅读本书，也许可以帮助你更好地应对以下问题，这些问题对正在经历工作方式变革的朋友而言想必不会陌生：

- 我需要懂多少技术（以拥有数字思维）？
- 我需要学习编程吗？
- 关于算法，我需要了解什么？
- 如何高效使用数字化工具？

- 人工智能到底是什么？
- 我需要为我的团队准备一个机器人吗？
- 如何在远程工作的环境下成功地协作？
- 保障数据及系统安全的最佳实践是什么？
- 在数字时代，掌握什么技能能提高个人竞争力？
- 数字化转型与其他转型有什么区别吗？
- 如何打造“数字说话”的企业文化？
- 我从哪里开始呢？

我们想通过本书传达的信息很简单：如果你养成了数字思维，你将能够回答以上问题，以及更多其他问题，你将在数字时代拥有获得成功的势能。任何人都可以养成数字思维，一如萨拉。她并没有成为技术高手或专业程序员，但她所培养出的数字思维足以让她以一种全新的视角认知世界，进而提出对于这个世界新颖、重大、深远的问题。想培养数字思维，有一个先决条件，就是你具备建立新认知、拥抱变化的能力。对于任何阅读本书的人，通过学习，大概率都可以掌握拥有数字思维所需的最基础的技术知识。而且，作为作者，我们可以很负责任地说，这甚至很有趣。

在过去十年中，我们与世界上数百家被技术赋能的企业有过深入接触——或是研究、写作商业案例，或是给予咨询，或是在顾问委员会供职，或是给予管理层培训。我们深入研究了这些企业及其员工是如何培养数字思维的。在与上千位职场人、经理、高管进行交流、研讨的过程中，我们受到了很多关于如何在数字化职场中创造机会的思维方式的启发，最终提出了数字思维的概念。人们的一个共识是，想要“数字化”，首先要培养一种新的思维方式，这种思维方式赋予人们学习和应用技术方面的竞争力（从数据采集和计算的基础知识，到大型组织的变革能力）。除了第一手的研究之外，我们还借鉴了该领域的顶级专家发表的大量研究文章、故事和案例，用以完善数字思维的概念，并定义其中的方法论。

我们已经能明显地发现，具有数字思维的人可以在工作上取得更大的成功，有更高的工作满意度，也更容易在公司内得到晋升。即使考虑换工作，他们也有更多带得走的技能，可在新公司释放能量。具有数字思维的领导更容易招募一支可以快速适应变化的员工队伍，建设一个能打胜仗的组织。如果公司的队伍具有数字思维，他们可以对日常的变化作出更快的响应，并且可以在迎接新的商业机会时占据更好的身位。在数字时代取得成功，需要的不仅仅是掌握运用数字技术的技能，更重要的是能够跳出窠臼去思考，这本书将帮助你掌握这些。

定义

在进入正题以前，我们先来明确一些定义。像“数字思维”这样的术语可以被赋予多种含义，在本书中我们将使用以下定义展开。

我们倾向于将数字或数字化定义为一种数据与技术之间的交互作用。

数据指任何可被用于参考、分析或计算的信息。你的买菜购物清单是一种数据，天气预报也是一种数据。当今，很多人以为数据必须是由数字构成的，但事实上，很多其他内容（像图片、文本）也是数据，因为它们都可以被编码为数字，继而被计算机处理、存储、编辑。

技术可以创造、获取、编辑、传递和存储数据。在人类历史上的大部分时间里，用于执行以上数据操作的技术是很简易的 —— 石碑、古埃及莎草纸和近现代纸张。时至今日，每天都会产生比历史上多许多数量级的数据，通过无数设备进行着高速转换。实际上，我们每天都会通过多个互联的设备和数据交互 —— 传感器、计算机、软件、云存储。你的手机之所以能工作，是因为有许多技术在你的手机里协同处理数据。手机里的传感器、硬件和软件组合起来将声音和图像等模拟输入转换为二进制代码，然后代码被处理、存储和渲染为你消费的音乐、图片和文字。你的手机不仅存储数据，还产生和二次生产全新的数据。

思维或思维方式是我们用来理解世界的一整套方式、方法的总称。你的方式、方法会决定你看待某个问题的角度、该问题对你的重要性，以及你的行动方案。

最后，数字思维在本书中指当代用于理解、利用数据和技术的这一整套方法论。这一套思维和行为的方法论，使当代的人和组织有能力发现新的机会，为未来指明道路。大数据、人工智能、机器人伙伴、内部社交媒体、区块链、实验方法、统计学、安全技术以及当下快节奏的技术迭代，都是正在重塑我们生活与工作方式的主要力量，它们即将颠覆同事之间交互的方式，让重构组织以更具竞争力成为企业的当务之急。

在以上定义的基础上，我们还可以再深挖一层。培养数字思维，意味着我们同时也在重新定义处理以下三个流程的基本方式：① 协作；② 计算；③ 变革。

当然，重新定义处理以上三个流程的方式也意味着学习一些新的硬技能，但仅学习技能是远远不够的。技能只是提供给你一些词汇、知识和直觉来帮助你看到更大的图景、提出更本质的问题，而培养一种新思维，意味着你将使用技能搭建新的知识体系，同时以全新的视角认知这个世界，并改变自己的行为。

在本书中，我们开发了一个学习框架，它囊括了在培养协作、计算和变革方法，乃至最终建立数字思维的过程中所必须学习的技能。我们不只是告诉你哪些技术和技能需要学习，还会实际帮助你学习它们。

你不需要掌握复杂的编程，不需要自己写算法，也不需要学会运行高级的多项对数模型。未来你可能会用到这些技术，但这不是本书的重点，我们关注的是使你对数字和技术足够熟悉。你只要对几项有限的技术知识掌握到 30% 左右，就可以建立起一套数字思维，我们称其为 30% 法则。

30%法则

要理解 30% 法则，不妨想象你在学习一门外语。一个英语非母语者为了证明自己精通英语，需掌握约 12000 个词。但如果只是需要在工作场合有效地沟通、互动，那么 3500~4000 个词就足够了——差不多是精通所需词汇量的 30%。更通俗地讲，一个英语非母语者并不需要精通英语，依然可以有效地用英语沟通。同样，如果只是想要有效地使用数字思维工作，你并不需要精通编程或成为一名数据科学家，你大体只需要了解程序员和数据科学家的工作是什么，以及对机器学习、如何应用 A/B 测试、如何解读统计学模型、如何让 AI 驱动的聊天机器人为你所用等命题有较深的理解。我们会在后续章节中逐个介绍和定义这些术语和技能。

我们团队花了 10 年时间，致力于研究哪 30% 是真正需要被学习的，并且在此过程中教会了许多人运用数字思维。我们想分享这中间的经验和教训，这样你也可以和我们一样，应用协作、计算和变革去拥抱数字化转型所带来的令人激动的新机会。

在本书中，我们会明确圈出哪些类目的技能是你需要掌握的，以及 30% 熟练度在这些技能类目下的具体表现。一旦你达到了 30% 熟练度（或者更高——如果你有兴趣深入学习的话），你就上了一个平台，开始你的创造性思维——数字思维。尽管你可能已经对我们即将在本书中展开的一些内容有所涉猎，大概率你也会得到一些新知或者可以进阶的内容。即使是那些你已经很熟悉的概念，本书也可能带给你新的视角，或是帮助将这些概念结合到你的日常工作、组织战略以及其他可以数字化的方面。

本书写作的初衷是帮你在形成数字思维所需的每个领域达到 30% 的熟练度。对于三种数字思维方法中的每一种，我们都提炼、整合、细化了你所需要了解的主要知识，以帮助你达到进入各个数字化领域的最低门槛。

本书的主要内容

在本书的第一部分，我们将深入讨论在数字化时代协作的新方法。这里的第一个要点是如何与机器协作，机器在当今早已不仅仅是我们的工具，伴随着人工智能与机器学习的发展，它们正在快速成为我们新时代的同事和战友。为了学习与机器协作，我们会介绍理解人工智能工作原理所需的30% 人工智能知识。我们会介绍当代军队是怎样通过心理学和科技的手段，与人工智能驱动的机器人并肩工作的。我们会解释为什么把人工智能当成人类来交互是不明智的，并提供一些建议避免人们陷入这类陷阱。接着，我们会讨论在数字化时代与人类同事成功的合作需要补什么功课。我们会带你走进一家新式银行，它创新地使用一套内部社交媒体来扩大核心客户群。我们还会带你走进世界上最大的一家电子商务公司，看看它如何通过鼓励员工在工作时分享与工作无关的信息，让全球各地的员工保持连接。我们将探讨在数字世界中成功协作的新要求 —— 在远程工作中向他人展示你的存在感。掌握至少 30% 这些新型协作行为将改善你个人、团队和同事的工作效果。

本书的第二部分会展开介绍你所需了解的计算科学知识。我们会先从介绍数据开始。我们深信，即使你只了解 30% 关于收集、分类、存储数据的技术原理，也足以让你利用数据进行决策。你还会了解如何更有说服力地展示数据。为了解释这点，我们会介绍职业篮球队是如何收集和分析关于球员表现的数据的。我们会告诉你，印第安纳州的一个县是如何因为一个数据上的愚蠢行为损失了数百万美元税收收入，还使得城市改善项目停滞多年的。我们会展开介绍，像奈飞（Netflix）这样的公司和美国各市的市政府，是如何利用其数据构建模型，塑造我们日常所生活的环境的。还有，可能同样重要的一点，我们会讨论一些偏差是如何侵入数据展示的，以及如何才能甄别数据模型 —— 它想让你知道什么、不想让你知道什么。我们还会深入讨论你在数字世界中需要用到的基础统计学推理方法。为了学会通过数据看问题，以及评估他人给出的预测和方案，统计学是绕不开的。别担心，我们不是说要给你上大学的概率与统计课，我们的目的在于提供帮你建立起统计学直觉所需的学习资料，继而使你能够准确地解读统计学测试的结果、知晓这些结果意味着什么，以及能够对基于数据的推荐或建议提出相关的问题。作为案例，我们会先后带你走近小公司（一家制造可穿戴的体温监测设备的初创公司）和大公司（一家大型游戏开发商），展示统计学分析是怎样指导产品决策并为这些决策提供信心的。掌握 30% 的统计学分析与逻辑推理技能可以帮助你更聪明、更好地决策。

在本书的第三部分，我们会主要围绕如何培养一种新的变革方法展开。在这一部分，我们会首先讨论“安全”在数字时代意味着什么。很遗憾，世界上并不存在绝对安全的数据库或组织。安全事故的发生是不可避免的，这只是时间问题，更重要的是人们如何准备以及应对它的发生。我们不会在一些显而易见的措施上多费口舌，比如让你改一个更强的密码，或是使用多因子身份认证。我们会以实际发生过的漏洞作为例子——一个来自一家大型石油公司，另一个来自一家大型社交媒体平台。这样你可以学习如何变革，以便在发生安全问题时能够合理地应变。我们还会相对深入地介绍区块链，并以钻石进口商这类公司利用区块链的实践作为例子，给予你区块链相关基础概念的 30%“词汇量”，帮助你理解这项新兴技术为什么有可能重新定义数字资产的安全性。再往后，我们会介绍实验学和实验理论。变化在当今发生得是如此之快，以至于不停地测试、失败、总结、再测试成了当今寻找解决方案的最佳方式。我们将一步步地指导你如何利用“数字排放”进行实验，这是一个庞大的主题，我们已经提炼了其中你需要了解的 30%。我们还会为你提供一些关于如何设计组织和公司文化，以适应实验方法的建议。在我们看来，变革不应只是一种周期性的企业活动，更应是一个持续的过程——称为持续转型。其中，数字化转型是持续转型的核心，我们会从底层思维的转变扩展到实现转型所具体需要实施的活动，展开介绍它的基本特征。我们还会简单介绍近期在联合利华发生的文化变革是怎么被（重新）设计和对齐的。我们还会讨论像“如何促进员工个人及整个团队提升技能、保持持续学习”这样的关键问题。

我们在最后还提供了一个附录，其中包含几个持续学习的案例，比如声破天（Spotify）、椰普（Yelp）、美国电话电报公司（AT&T）、缤客网（Booking.com）和美国第一资本投资国际集团（Capital One）。这些案例能够帮助你了解，如何最有效地激励员工自主、自愿地投入持续学习，并解释为什么长期保持数字思维是非常必要的。

关于本书中使用的商业案例、已发表的研究和访谈等内容，我们可以提及部分具体的人名和公司名，或是因为这些信息已被公开过，或是因为他们已给予我们在书中讨论他们的授权。但对其他公司，我们只会描述公司而不会提及它们的名字。对于要求不透露其身份的组织和个人，我们也使用了相应的化名。我们希望，在你思考了我们基于各种事实所提出的运用数字思维思考和行动的建议，并通读了我们贯穿本书的各种案例后，你会发现，对你而言，拥有数字思维是完全可以做到的。

关键问题

作为数字思维的“布道者”，我们团队最常被问到的一个问题（也是对数字化转型者极为关键的一个问题）是：为了培养数字思维，我是否需要学习编程，或至少学会阅读编程语言？

最简单的回答是大概率不需要。对大多数人而言，理解你所使用的数字技术是如何运转的已经足够。对于另一小部分人，学习一些基本的编程，可能更多的是帮他们在处理问题时建立一些基础的自信。这完全取决于你的教育背景和工作职责，以及你需要多近距离地接触所在公司的核心技术。讽刺的是，我们发现那些有一定技术经验的人反倒认为学习编程是没有必要的，因为他们已然过了30%熟练度的阈值。技术经验相对薄弱的人则发现，学习编程可以给他们自信，以及通过对编程和数据工作原理的理解，为他们提供新的看问题的视角。

我们至少需要知道的是，所有数字化技术的开发都是基于某种编程语言，再通过算法让数据为我们所用。

如果你能理解这句话，以及对算法是什么、编程语言如何工作、计算机是如何基于指令运行的并不陌生，你可以把下一节视作一个简单的复习。但如果你对这些概念并不熟悉或需要提醒才能理解的话（即你听过这些术语，但不明白它们之间的关系），我们建议你在阅读后面的内容之前先阅读下一节。我们不会用很多技术细节轰炸你的脑子，只会解释计算机程序是如何工作的，帮助你理解，那些正在重塑我们职场和世界的数字技术，在其光鲜的用户界面背后是如何具体工作的。

我们之所以花篇幅介绍这些概念，是因为后续章节的大部分内容都是围绕它们展开的。无论是讨论协作、计算还是变革，算法的基本原理都会反复被提及。了解这些知识，是理解我们在后续章节中介绍的观点和技能的前提。

揭开数字面纱：算法、脚本和代码简明指南

所有数字业务都建立在这三项的关系上：计算机、软件和数据。计算机负责执行；算法是通过软件实现的，它会给计算机下指令，告诉计算机该做什么以及怎么做；数据是计算机执行软件或程序的过程中，所用到的东西。算法存在于计算机、软件和数据的交叉点或结合部，那么就让我们从算法开始本章。

什么是算法

虽然有人会以为算法属于高等数学的领域，但实际上，最基本的算法

只不过是计算机为了完成某个任务，所需执行的一系列操作。开发一套算法背后最基本的概念是，即使它所处理的数据是变化的，它每一次执行，都会遵照某一套确定的步骤。我们在生活中也处处在执行算法。菜谱是一套算法，因为它是一个有限长度的操作清单，让我们按照指定的顺序完成一系列烹饪操作。通常，这个顺序才是算法里最重要的部分。想象你正在烘焙一些巧克力曲奇饼干。菜谱会告诉你，先把黄油、糖和香草精搅拌在一起。然后你需要加入那些干配料 —— 面粉、发酵粉和巧克力屑。再然后才是把模制的或手捏的小面团放进烤箱烘焙。如果你试图改变顺序，比如在加入干配料之前将其放入烤箱，你的饼干就做不出来。这个顺序几乎适用于烤任何饼干，虽然配料和配料之间的比例可能会不一样，但制作饼干的基本步骤 —— 首先将干湿配料混合，然后烘烤 —— 几乎都是一样的。在图 0–1 中，饼干配料是输入，菜谱是一组规则，美味的饼干是输出。

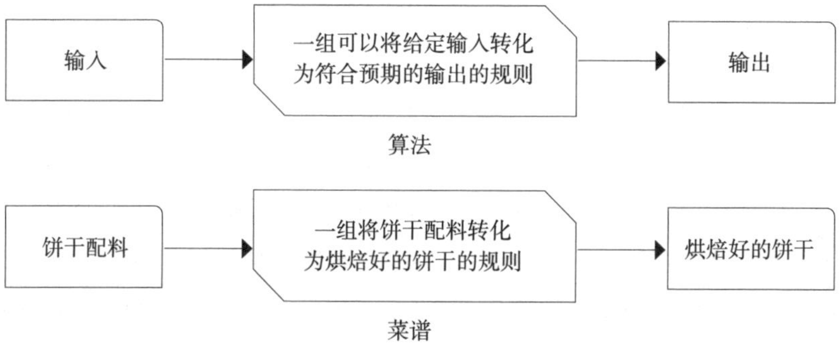

图 0–1　什么是算法

用饼干烘焙类比算法，有一点不太准确 —— 烘焙在一定程度上依赖于一些对人类而言只能意会的经验知识，而计算机是没有这种知识的。例如，你的饼干菜谱可能会让你把干湿配料搅成糊状面团，直到它们“蓬松”，然后烘烤到“微微变黄”。菜谱并不会明确地给出定义，什么样算是“蓬松”或“微微变黄”。人类可以通过经验、观察、向他人学习来获得关于如何判断“蓬松”的知识，继而烤出美味的饼干。但这种不够明确的情况，会让计算机很难办，因为计算机无法处理模糊、只可意会的领域。如果你想让你的计算机在面对数据“蓬松”时做出反应，你必须清楚地、量化地告诉你的计算机，“蓬松”等于什么。计算机编程的算法容不得一点点含糊。

这个例子应该能让你对算法有一个不错的、基础的理解。（如需更深入、更专业的解释，请参阅本书末尾的术语表。）

计算机需要一套符合上述标准的算法或指令集，才可以执行操作。虽然简单的算法也可以指示计算机，例如，将一个数字加 1，但为了让计算机执行复杂的任务，它需要一组算法协同起来工作。继续用菜谱类比，如果你想准备一顿完整的饭菜，你需要的就不仅仅是烘焙饼干的菜谱，你还需要准备意大利面的菜谱，然后是烹饪酱汁的菜谱，还有就是配菜、饮料等的菜谱。而且你可能还需要另一个规则来确保所有东西同时准备好，这个关键点在于，计算机是运行在无数算法之上的。

怎样给计算机下指令

菜谱通过一系列烘焙师能够理解的动词告诉人们需要做什么，比如混合、筛面粉、烘烤、冷却。人们通过源代码（或者简称代码）给计算机下指令，告诉计算机需要做什么。编程即使用编程语言告诉计算机具体应如何操作的过程。每行代码都会给计算机一个具体的工作指令，我们可以想象每个指令都是一个动词，比如相加、比大小、重新排序、等待、删除。

一个由多行代码组成的文档称为脚本，许多脚本联合在一起就构成了算法。下面是一个用 Python 编程语言写成脚本的例子。它是一个非常基础的脚本，叫“hello_name”。在代码的第一行，代码指示计算机在屏幕上显示“你的名字是什么？”（What is your name?）这样一句话。第二行，代码让计算机等待使用者输入名字，然后，在使用者输入名字之后，将其保存在一个对象之中。第三行，计算机先在屏幕上显示“你好”（Hello），再在其后显示出使用者刚刚输入的名字。

```
print(“What is your name?”)
name = input()
print(“Hello“ + name)
```

```
python hello_name.py
What is your name?
Joe
Hello Joe
c:\Users\Joecomputer\Desktop\temp
```

但这个程序是怎么知道“print”指令意味着要在屏幕上显示文本的，怎么知道“input”是指使用者即将输入的文本，又是怎么知道如何保存使用者的输入，使之可以在后面重新显示在屏幕上的？程序知道，因为Python实际上是一种辅助人类使用另一种更基础编程的语言（机器语言）的高级编程语言。机器语言是二进制数字，是很长的、由0和1组成的复杂数字串，它们构成计算机能直接使用的二进制代码。一个计算机程序通常需要几百万到几十亿个0和1组成的二进制数字串才能工作。如果我们仅仅用机器能理解的东西——0和1来编程，人类将不可能与计算机交互或让计算机做任何有用的事。

为了把你在屏幕上看到的代码编程为0和1的二进制编码，脚本需要经过编译器。编译器会承担把每个指令转换成计算机能理解的0和1的烦琐工作。代码一旦经过了编译（被翻译成机器语言），它就作为一个程序被保存了下来，可以反复运行、使用。你所用的每一套消费级软件、每个手机应用、每款游戏、每个网站都是一个程序，一个由程序员使用某一种编程语言先写成脚本，再被编译成数以亿计的0和1，继而使得计算机可以“阅读”和“执行”的程序。

计算机不会自主地做任何事，它永远需要有人或程序告诉它需要做什么。这一点，我们再怎么强调都不过分。计算机不具备任何对于人类“只可意会”的知识。一个关于计算机程序员的老笑话，可以很形象地解释这一点：程序员洗完头发后无法走出淋浴间，因为洗发水瓶上的说明写着“擦洗，冲洗，重复”，但没有说“停止”。这就是计算机的工作方式：如果指令不足够明确，它就无法执行。

了解计算机功能的局限性是培养数字思维的重要基石，因为它描述了机器如何“思考”，以及计算机与人类的不同之处。无论你认为计算机应该停下来是多么显而易见的事，除非我们在代码末行加上“停止”命令，否则计算机都不会停下来。

Python 是当今使用最广泛的编程语言之一。但与此同时，我们希望读者知道，每天有 250 种编程语言都在被积极地使用，而历史上有超过 700 种编程语言曾被开发出来。其他被广泛使用的编程语言还有 Java、C++ 和 Ruby。就像人类的语言（如英语、西班牙语、汉语、波斯语等语言）拥有不同的语法和句式结构一样，不同的计算机编程语言也有其不同的语法和规范。此外，编程语言就像我们的口语一样，会随时间与场合发生演变，以满足不同的需求。

总体上，你的数字思维之旅将包括理解编码、编程语言、脚本、算法、编译和机器语言的基本原理。这些知识对于理解数字应用程序是如何编程、如何写出来，以及理解人类是怎么让计算机执行工作的很重要。写代码、编程工作是硬件和软件之间复杂关系的一部分，是数字工具的基础。

读到这里，你已具备了开启数字思维学习之旅的必要知识。祝贺你已经开始拥抱 30% 熟练度法则，开始建立你的数字思维。有了这一基础，我们就可以进入三个帮助你走向成功的核心领域。让我们先从协作开始。

第 一 部 分

协作

第 1 章

与机器共事

当人类智能遇上人工智能

一天下午，加州大学洛杉矶分校的教授伯特·斯旺森（Burt Swanson）正准备下班回家，但是一封电子邮件让他停住了脚步，邮件标题是：“有兴趣与你见面。”这封邮件来自一位名为托德（Todd）的教授，他在美国东海岸的一所大学工作。托德与斯旺森的研究领域相近，并希望在去洛杉矶出差期间与斯旺森见面。他在邮件末尾写道：“我抄送给了我的助理埃米（Amy），她可以帮助协调时间。如果你也对见面感兴趣，请告诉我们所有你方便的时间和见面地点。”

斯旺森向托德的助理提供了几个日期和时间作为选择。当他到家时，埃米已经回信了。托德在斯旺森所给的几个时间都无法见面，希望斯旺森提出新的时间，斯旺森于是又给了几个时间供选择。第二天一大早，埃米就确认了会面。几个小时后，埃米再次发来邮件，说托德那时突然有急事，她建议了其他几个时间。斯旺森对托德做出这么多改变感到恼火，而自己竟然不厌其烦地满足托德的要求。尽管如此，他还是挑了个时间。在邮件末尾，他礼貌地表示，希望大家能遵守这个新约定的时间。令他非常惊讶的是，埃米立即回复说，托德在斯旺森刚刚选择的时间又有了其他安排，又不行了。紧接着她又提议了另外几个时间。斯旺森彻底失望了，他给埃米回了一封长信，表达了试图迁就托德的过程是多么令人不快，且其他时间没有空。埃米再也没有回信。

几周后，斯旺森惊奇地发现，这个埃米并不是人类。她是由一家名为X人工智能公司（x.ai）的公司开发的人工智能日程安排助理。该产品正被世界各地的公司所使用，包括迪士尼、可口可乐和耐克。人们可能很容易得出一个结论，即斯旺森没能成功和托德约见，是该AI的拙劣性能导致的。但这个结论是错误的。当人们开始与人工智能、机器人和机器学习算法交互、产生关联时，无论是多么短暂的交互和关联，如上文中这个例子，发生此类情况会很常见。问题不是出在AI的能力不强，而是我们与这些机器交互的经验不足。只因AI模仿了人类的行为方式，人们便倾向于像对待人类一样对待它们。培养数字思维，可以帮助我们克服对机器而言大差不差的错误，并学会如何以计算机容易理解的语言和人工智能助理沟通，即便它们被赋予了一些人类行为的特征。

新的交互规则

计算类和机器学习类的算法正在企业内部扮演着越来越重要的角色，华尔街金融业就是被算法从底层变革的几个行业之一。算法被用于为现有和潜在客户的信用评分，被用于筛选申请人和协助招聘，被聊天机器人用来实时响应查询，为遇到技术问题的人、申请新贷款的人以及希望在工作中找到新信息的人提供操作建议。

计算能力（或简称算力）的迅速升级意味着数字技术已从人们使用的工具进化成为人们交互的平台。如今，数字技术又一次进化了，进化成了人们日常交互与协作的智能助理，如上文中提到的日程安排助理埃米，如果这种变化让你联想到有一个机器人与你的团队并肩工作的场景，这其实并不算夸张。机器人已经融入我们生活的许多方面，想想你打电话预订航班时和你对话的机器人、协助你开立新银行账户的聊天机器人，以及在高科技产品组装线上与工人（通过给予命令和接收反馈）互动的实体机器人（由数字自动化工具控制）。每一种数字化控制的机器人都使用人工智能和机器学习技术来处理数据输入，为人类的行为和行动提出建议，并能从你的反馈中学习，以提高它在下次互动中的表现。

数字思维的一大要义是理解相较于与人类有效合作，与机器有效合作所要求的关键技能是截然不同的。你可能会认为这一点显而易见，有点像废话。但在无数实验中，我们的研究对象，即使在他们知道对面的是机器而不是人的情况下，大部分人也会倾向于用对待人的方式来对待机器。我们随后会更详细地展开讲，把机器当人来对待，会对我们处理任务、完成工作起反作用。培养数字思维，你要意识到当你与机器协作时，交互的规则是不一样的，还要意识到，当你部署机器为你工作，让它代表你与朋友、家人或客户沟通交流时，所有这些人也可能把机器当作人。

本章将总结我们与多家公司、800 余名员工的工作经验，他们已经开始与机器人、聊天机器人以及其他人工智能助理频繁互动。我们讨论了当我们与它们口头交流时、当它们成为我们的团队成员时，如何有效地与这些数字技术建立联系。本章旨在帮助你通过将机器当作机器来培养与机器有效合作的技能。

但在我们开始前，你需要先了解人工智能究竟是什么，以及人工智能助理是如何“思考”的。你不需要学会自己搭建 AI，但你需要知道：

- 机器学习是什么
- 人工智能如何通过数据集得到训练
- 模型是如何基于数据训练出来的，以及机器是如何使用概率预测方法来判断如何最好地与人互动的

我们会在本书后面的章节中逐个展开机器学习、神经网络、自然语言处理、计算机视觉这些概念。这些都是培养数字思维，使你能够把机器当

作机器来交互的重要知识点。了解这些技术的表面并不困难，甚至可能简单到令你吃惊，然而实际应用它们却又很复杂。

人工智能是怎样工作的

如果你和许多人一样，一直以来认为人工智能只是存在于遥不可及的科幻作品中——你可能会想到像《星球大战》(*Star Wars*)、《终结者》(*The Terminator*)、《少数派报告》(*Minority Report*)或《星际穿越》(*Interstellar*)这样的电影，里面自主运行的计算机或机器人的行为已超出了人类可以理解或控制的范围。人工智能一词，最早由约翰·麦卡锡(John McCarthy)在1956年创造和提出，在提出的同时他悲观地预言："一旦人工智能真的实现了，就不会再有人称之为人工智能了。"换言之，我们倾向于认为人工智能还是一个暂未发生的未来事物。但现实与之相反，当你和Siri对话或驾驶一辆有车道偏离预警系统的汽车时，你已经在使用人工智能了。人工智能已经广泛地被应用。我们每天都在使用人工智能，哪怕我们并没有意识到我们在使用。

我们今天所使用的人工智能通常只专门完成一类工作，比如一个总能下赢人类选手的下棋AI应用。这个AI在下棋方面非常优秀，但在其他方面一窍不通。阿里巴巴，世界上最大的电商平台之一，和亚马逊都在使用人工智能来预测消费者可能会买什么。我们尚未拥有像电影《杰森一家》(*The Jetsons*)中的罗塞(Rosey)那样，可以讨论家务中的细节并决策的人工智能，也没有AI可以像电影《我，机器人》(*iRobot*)里的桑尼(Sonny)一样帮助人类破解谋杀谜案。换句话说，抛开其所有的光环，人工智能尚未达到足以跨领域、跨类型解决问题的高阶智能。那种可以通过已编程的机器人掌控地球并同时掌管人类的人工智能也尚未诞生。人工智能思想家尼克·博斯特罗姆(Nick Bostrom)将这种超级智能定义为"一种在几乎各个领域，包括科学创造力、通识智慧和社交技能，都超越了该领域最聪明人类的智能体”。这个水平的AI不仅会在各个方面超越人类，它还很有可能有产生情感和亲密关系的能力。

但不用顾虑太多，本书的重点不在这里，我们重点讨论的是现实中已经存在的单任务人工智能，以及如何像对待机器一样和它们交互。这需要一些思维上的转变。把机器当作机器没那么容易，其中一个原因是，人工智能的设计初衷就是在某一领域表现出接近人类的智能。机器会执行一套模仿人类“认知”功能的程序。这也就意味着，人工智能是一台会感知环境，然后根据最有可能达成其目标的路径来采取行动的机器。至少现如今，这些目标还是人类通过程序下达给它们的。

此外，我们还需要格外注意分清，机器人不是人工智能，虽然这两个概念经常被混淆在一起。机器人仅仅是人工智能的一个容器：AI在机器人体内指导其运行。举个例子，亚马逊Alexa智能音箱背后的软件、数据和算法一起构成了Alexa这个AI，那个和我们说话的声音只是该AI拟人化的表现形式。同理，工厂里那个能完成从组装汽车到打包等一系列工业操作的钢铁机械臂是机器人，它由金属、传动装置和电路组成。AI是其背后编过程的、控制它像人类的手臂一样拧螺丝或处理打包盒的那一套软件。

如果把人工智能视作一个生态系统，那么它主要是由数据、工具和统计学模型这几个板块组成的。

统计学模型用于处理海量的数据集。但在开始处理前，数据首先必须被“清洗”，转码为算法可阅读的格式。数据清洗的工作涉及修复或删除不正确、不完整或重复的数据。我们并不能保证数据在收集的过程中永远与其源头保持一致，此外，在融合多个数据源时也很容易出现诸如重复、不一致和误标等问题。比如说，假设你正在整合不同来源的人口学数据，收集到的数据中一个包括“人口数据”，另一个包括“PopDat”（即“人口”和“数据”二词的英文缩写）。它们其实是一回事，但计算机并不知道。你需要先将数据清洗，计算机才会知道，两组数据需要被当作同类项处理。

今天，人工智能已无处不在。以下是人工智能已追齐或超越人类能力，能够比人类更快、更高效地工作的领域的例子：

- 汽车中到处都是 AI 系统，从用于决策防抱死制动系统（ABS）何时介入的程序，到调节燃油喷射系统的参数程序，都是 AI。可自动驾驶的汽车还需要一套可靠的系统用以感知周围的环境并实时反应。
- 一部智能手机甚至可以算作一个 AI 工厂。当你用地图应用导航、接收个性化的音乐推荐、查看明日的天气、问手机问题，抑或执行其他几十种日常操作时，你都在使用 AI。
- 你的电子邮箱的反垃圾邮件过滤器是一个经典的人工智能。它先是被写入了一套关于如何识别垃圾邮件（《恭喜，你赢得了 100 万美元》）和非垃圾邮件（《感恩节计划的更新》）的智能，紧接着又在每天的工作中学习和优化自身的智能，以适应你的具体偏好。
- 恒温器这类控制器也可能在使用人工智能。例如，谷歌 Nest 智能恒温器会通过了解你的日常起居习惯而开始自适应，并相应地调整你家的室内气候。
- 谷歌翻译在一类细分的 AI 任务上表现得非常出色，语音识别则是另一类。一些应用程序将它们整合在一起，允许你用一种语言说一句话，然后让手机将你的话用另一种语言说出来。
- 当你搭乘的飞机降落时，其实不是人类而是人工智能在决定它应驶向哪个登机口，就像不是人类在决定你的机票价格一样。
- 谷歌搜索亦是一个大型的人工智能大脑，它有极其复杂的网页排名方法，用以计算出哪些网页最适合展示给你。脸书的信息流推送也是如此。

这些还只是面向消费者的例子。人工智能系统在军事、制造和金融等领域中有着更广泛的应用（算法驱动的高频 AI 交易员在股票市场大显身手），在专业级系统中亦有着广泛的应用，例如，辅助医生进行病情诊断。

机器是如何学习的

让我们先从理解人工智能的工作原理开始。人工智能的一大关键基石是机器学习（machine learning）技术，这是一种使用统计学从数据中发现规律、推导并给出预测的算法。人类擅长使用纷繁的自然语言和视觉线索，计算机擅长通过数字从例子中归纳，继而获得“学习”的能力，且无须程序给其明确的下一步。

机器学习专家玛丽莉·尼卡（Marily Nika）喜欢通过机器学习如何区分猫和狗的例子来解释机器学习。首先，我们需要先将一系列猫和狗的图片标注为“猫”或“狗”。然后，我们将标注好的图片喂给算法（见图 1–1）。

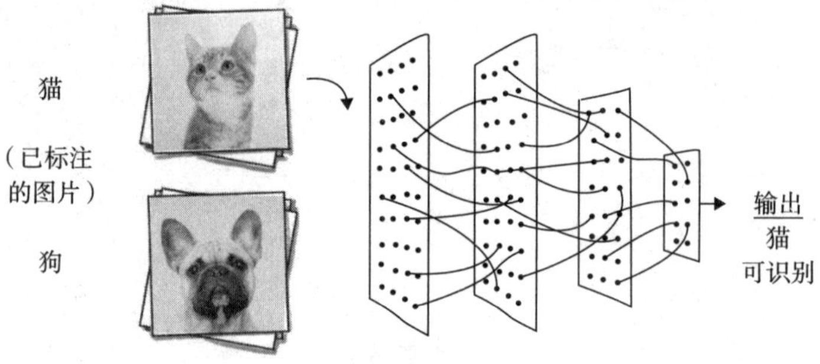

图 1–1　教模型识别猫和狗

资料来源：玛丽莉·尼卡，《人工智能 / 机器学习与深度学习简介》，https://marilynika.medium.com/an-intro-to-ai-ml-and-deep-learning-ffd2f2fbf1e.

机器会读取每张已标注图片中的像素特征，并将其作为标注的示例保存：这种特征等于猫，而那种特征等于狗。当然，构成猫的图片像素特征并非只有一种。也许猫在一张图片中是正面，在另一张图片中则是侧面。因此，计算机需要大量猫和狗的图片来保存或者说记住多种特征，继而提高其识别猫狗的能力。

尼卡补充说，当电脑错误地对一张狗的照片说出“这是一只猫”时，我们可以纠正它。电脑会记录下它的错误，表示它已经学会不把该图的特征标注为“猫”。这种自适应能力，正是我们用“智能”这个词来描述这一学习过程的原因。

支撑这套算法的数学理论已经存在很长时间了，但这套算法直到海量数据和更强的计算机处理能力出现后，才开始在现实世界中发挥作用。

让我们通过英特尔公司人工智能战略负责人马克·罗宾斯（Mark Robins）提供的一个例子来直观地感受一下机器学习是如何工作的。图 1-2 中有他的肖像照。在经典机器学习方法中，一些人定位出一组特征，这类特征可以描述出一个人的脸部特征，比如马克的脸的弧度、眼距、鼻宽和眼窝深度等都属于这类特征。机器学习算法基于这些特征，并使用基于几种统计学模型的多套算法，构建了一套分类系统。通过多次重复这个过程，并（至少在最初）由认识这些人脸的人类进行纠正，机器学习算法可以学会将给定的一组面部特征与某个人一一对应起来。

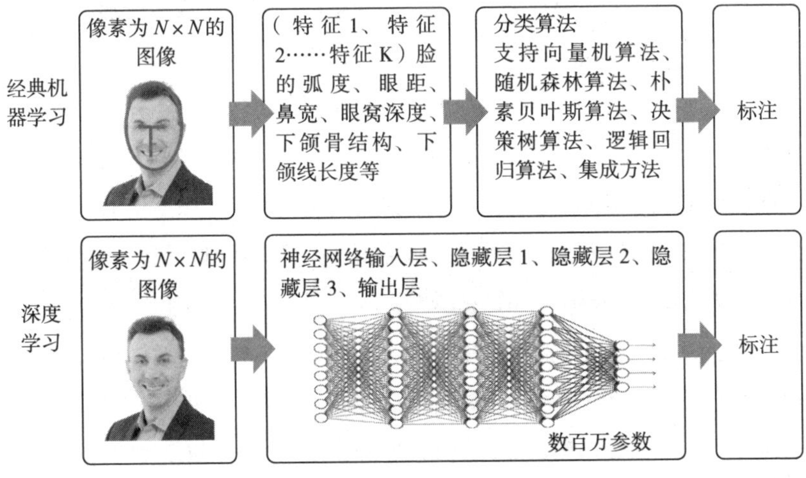

图 1-2　经典机器学习对比深度学习

资料来源：《人工智能、机器学习和深度学习的区别》，作者：英特尔，https://www.intel.com/content/www/us/en/artificial-intelligence/posts/difference-between-ai-machine-learning-deep-learning.html.

正如罗宾斯所观察到的以及其他许多专家也指出的，这种方法的难点在于，人们并不能很轻易地定位出哪些特征对于识别一张人脸是最有用的。即便我们知道某个特征很重要，我们可能也很难将其量化地计算出来。例如，为了计算眼距，你首先需要能够在图像中找到眼睛，并根据脸部离相机的距离以计算出眼距，这本身就很复杂。让我们进一步介绍深度学习。

深度学习（deep learning）是机器学习算法的一种，在这种学习过程中，算法不需要人来告知它什么特征是重要的。相反，它能够使用“神经网络”来检视数据，从而自行发现数据中的特征。该术语来自对一种被称为“人工神经元”的单元的描述，当输入超过某个阈值时，人工神经元就会像大脑中的神经元一样“放电”。人工神经元可以分层排列，深度学习有很多层的人工神经元。深度学习需要用到数以百万计的参数，这解释了它为什么最近才变得强大，因为我们直到近几年，才开始有足够的数据供它学习，并且有了足够强大的处理能力，可以在合理的时间内完成深度学习算法所需的异常复杂的数学运算。

对于面部识别这个命题，深度学习避免了将图像中的各种形状与预设的特征联系起来。只要能给它足够的“标记数据”（即已知面部的图像）并对其进行正确的训练，深度学习模型将自行决定数据中最有用的特征。这个过程大大提高了算法的准确性。当应用于图像领域时，深度学习被称为计算机视觉（computer vision，见图 1–3）。

机器学习算法也可被应用于书面文本或口语，用和图像处理大致相同的方式识别其中的特征、产生关联。自然语言处理（NLP）之于口语文本，正如计算机视觉之于图像。自然语言处理通过一个将语句分类的脚本工作，这是一个类似筛选玉米的统计学过程。首先，该脚本会根据一些分类方法将语句中的词和词组摘出来标记。然后，计算机会对摘出来的词和词语进行清理，去掉停顿词（“a”“and”“the”“but”“or”等）和标点符号。随后，脚本会对这些词进行“词形还原”（一种将同一单词的不同变体合并的技术手法，如“stopping”“stopped”和“stopper”）。接下来，会进行词干提取，即将变体单词简化为其词干（例如“stop”）。最后，清理后的数据会被“向量化”，即被转换为可通过统计学分析的数字。

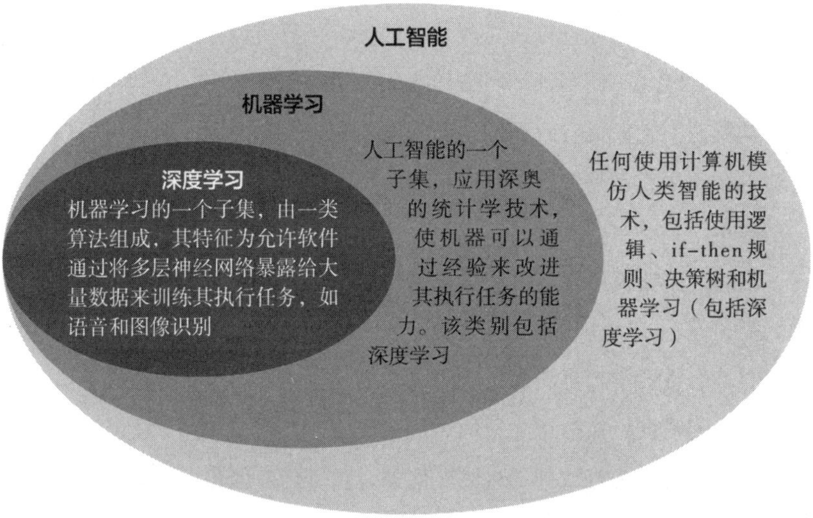

图 1-3　机器学习与深度学习的关系

资料来源：《人工智能、机器学习和深度学习的区别》，作者：英特尔，https://www.intel.com/content/www/us/en/artificial-intelligence/posts/difference-between-ai-machine-learning-deep-learning.html.

椰普（一款在美国流行的类似于大众点评的软件）将该技术整合进它的点评服务中，并利用机器学习来帮助其员工更高效地对餐厅的图像和描述进行整理、标记和分类。当用户上传带图的评价时，一些较粗的分类标签诸如“菜单”“食物”“塔可”会被算法自动从评论中提取，并附于上传的图像之上。椰普还会用众包的方式对提炼出的标签进行进一步的验证。接下来，这些图像和标签会被用来训练一个深度学习神经网络，以执行计算机视觉任务。一旦神经网络学会了在图像中识别出菜单、食物、塔可饼或寿司，它就可以只用很短的时间自行对先前未标记的图像进行分类和标记，而人类完成相同的任务需好几倍的时间。随着被标记的图像数量越来越多，椰普可以提供更多功能，例如将照片自动分类为“食物”“菜单”和“饮料”等，供用户按标签浏览。

如我们在引言中所述，算法是一系列可用于解决问题的指令。程序员开发的算法用于指导计算机完成某些任务，是数字世界的基石。但开发这些算法需要时间。使用神经网络和类似技术的优势在于，它们可以自行构建新的算法。它们可自行识别出训练集中的规律和规则，然后根据训练中习得的知识生成新的规则，且所花费的时间远远少于人类完成相同任务所需的时间。

因此，要让机器学习算法生成新规则，首先需要对其进行训练（通常由人类完成），以识别规律并从这些规律中提取规则。为词和词组打标签是程序员训练机器学习算法的一个很好的例子。这种训练通常被称为监督学习。一个词或词组被标记为正面、负面或中性。现在，该算法已经学会了将词或词组分类为好或坏的规则。例如，它可能会创建一个规则，例如包含“最差”一词的词组都是负面的（尽管实际算法比这复杂得多，为了方便理解，我们把它当作最简单的例子）。

一旦算法通过监督学习完成了训练，就可以进入更高级的阶段，即无监督学习。在这个阶段，算法会自动对椰普的图片和评论进行分类，并自行将某些餐厅归类为好或差。无监督学习被阿里巴巴和亚马逊用于找出哪两种商品经常被一起购买。

还有一种，也是更高阶的学习被称为强化学习（reinforcement learning），该阶段的机器学习算法会不断根据反馈进行修正。日常生活中有很多常见的事情可作为强化学习的例子。如果机器学习算法推断出运动衫和袜子经常被一起购买，它就会向购买运动衫的顾客投放袜子的广告。但如果那个顾客没有购买袜子，算法就会收到这种反馈，并利用它来改进关于谁可能购买什么的模型。同样地，如果自动驾驶汽车的司机进行方向盘修正，算法就会知道其车辆轨迹模型有误，并将这种修正数据纳入考虑，重新构建模型。

培养数字思维还意味着，在许多情况下，接受机器在做出某些预测和完成特定任务方面比人类更出色。随着计算能力的进步，加之医疗系统中生成的大量数据，使许多临床问题成为人工智能理想的候选应用场景。

首尔国立大学医院和医学院的研究人员开发了一种名为 DLAD（基于深度学习的自动检测）的人工智能算法，用于分析胸部 X 光片并检测细胞生长的异常，包括潜在的癌症。一项为期四年的研究发现，人工智能能够显著减少胸部 X 光片中漏诊的肺癌数量，而不会增加后续随诊的胸部 CT 检查的数量。这一技术的突破意味着医生和患者对于诊断和治疗的预期都会改变。

在另一个例子中，谷歌健康创建了一种名为 LYNA（LYmph Node Assistant）的机器学习算法，用于从淋巴结活检中识别转移性乳腺癌肿瘤。这种人工智能的独特之处在于，该算法可以识别肉眼无法区分的可疑区域。LYNA 在两个数据集上进行了测试，结果显示在 99% 的时间内正确地将样本分类为癌症阳性或阴性。当医生将这一技术与他们常规的染色组织样本手动分析结合使用时，LYNA 将“平均幻灯片审查时间”缩短了一半。和上述例子一样，医生迫不及待地将这一新方法整合到他们的行医实践中。尽管这项改进最终将是一次值得庆祝的进步——在更短的时间内获得更准确的诊断——但它也意味着医疗流程和医护人员的角色需要为之调整，这并不总是容易的。

例如，在医疗保健领域，当机器与自己的诊断相矛盾时可能会让人感到不舒服。这进一步印证了不把机器当人类、把机器当机器的重要性。这听起来像是机器在威胁人类，但代码并不会威胁人，它只是为人类所用的一种工具。

很多人说人工智能变得越来越强大，电影里也说机器即将占领人类的生活，这其实表明可以利用的数据越来越多，计算机算力在不断增强，计算机科学家也能在此基础上设计更好的算法来训练 AI。我们每天在线上进行的数字交易数不胜数，各类设备里的传感器数量也相当惊人（单台汽车就已经配备超过 100 个传感器，用于监测燃油液位和轮胎压力等）。这些数字在过去十年里取得了迅猛的增长，即便如此，我们仍未停止对更强大的处理能力和更海量数据的追求。人类每一年新产生的数据都超过了之前所有年份的总和。今天被称为先进的技术可能明天就被人抛诸脑后。国际商业机器公司（IBM）正在开发量子计算系统，为他们的沃森 AI（Watson AI）提供动力，而其他公司也在朝着类似的方向努力。别的不说，至少我们需要知道人工智能的进步将取决于数据、算力和更先进的算法。

认识技术堆栈

你玩过积木吗？许多小木块彼此交叉叠放，堆成互相依赖的层，一层一层又逐渐汇聚成一座塔。如果只是抽掉每层中的几块积木，这座塔可能并不会倒塌。但是如果你从底层抽掉过多积木，那么整个结构都会崩溃。

人工智能也是如此。AI 系统是由软件、硬件和数据库组成的，它们十分复杂且彼此之间相互依赖。举个例子，当你要求 Alexa（亚马逊公司开发的智能语音助手）展示你最喜欢的音乐家的主页时，这看似简单的操作实际上涉及多种技术的综合应用，其中包括存储、访问和保护数据、数据计算以及在网页上显示数据。这些技术之间的关系就和积木塔类似——交叉堆叠，相互依赖。

在 IT 领域，这些互相交叠、依赖的技术被统称为技术堆栈，其中包括开发和运行单个应用程序所需的所有硬件和软件系统。软件开发人员可以使用预配置的技术堆栈（类似于一个包含所有积木并且已经设计好的积木套装）来开发新的应用程序。当然，他们也可以构建自己的技术堆栈（即寻找合适的积木块并自行组装）。

通常，技术堆栈由两个子系统构成。其中一个子系统叫作“前端”系统或“客户端”，包括了用户（即你、你的员工和你的客户）会接触到的所有技术和数据源，比如你在线上调查中点击的按钮或填写的表单等。另一个子系统则是“后端”系统或“服务器端”，它是支持客户端体验的基础架构。技术人员和工程师主要负责的就是这一部分。

而技术堆栈的各个层是由中间件连接起来的。房屋里的水管将水槽、浴缸和其他设备连接到一起，中间件的作用也与此类似。中间件其实可以看作一个隐蔽的翻译层，它实现了数据库和数据之间的通信。举个例子，当你在 Web 浏览器上提交一个表单时，中间件会根据你提交的信息，检索你想看的内容。许多软件开发人员把中间件称为“软件胶水”，因为它把技术堆栈的每一层都粘在一起，从而确保整个积木结构不会轻易倒塌。图 1–4 向我们展示了一个通用技术堆栈的示意图。

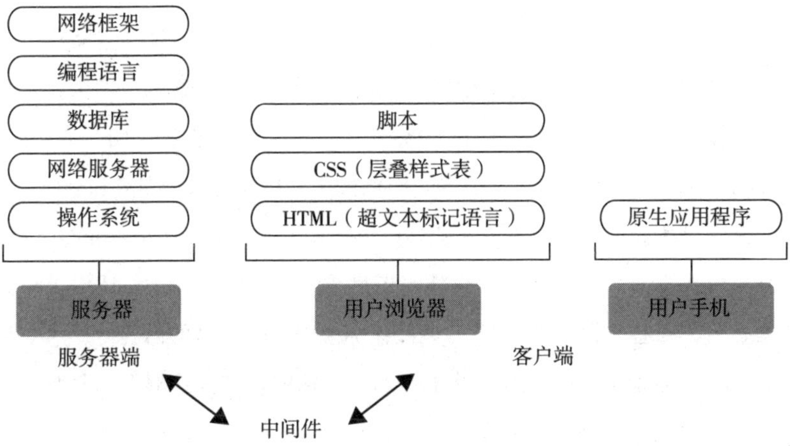

图 1–4　通用技术堆栈

了解技术堆栈非常重要，因为即使是最简单的数字数据操作，背后都可能涉及许多种不同的技术。所以如果你需要新的数据或新的分析方法，单单请软件开发人员为你编写一个脚本是远远不够的。就像抽掉积木塔底层的一块积木一样，任何一个看似简单的改变都可能对技术堆栈的最底层产生巨大影响。不同的应用程序在技术堆栈中可能偏好不同的编程语言，有些服务器还针对特定类型的数据分类、存储和检索进行了优化（我们将在第 3 章中讨论这一话题）。较高层的改动也可能会受到较低层应用程序的限制，因为它们彼此之间是相互作用的。只有了解这一点，我们才能正确评估一个看似微小的改变实际上会产生多大的影响。

行似人类，实则机器

我们习惯通过一些视觉元素与计算机进行交互，比如通过按钮、下拉列表、滑块等功能来给计算机发送指令。随着人工智能的发展，我们与计算机进行交互的方式也能变得更加自然和人性化。对话式用户界面（UI）可以让人们通过打字或对话的方式与数字工具进行互动，这种互动模仿了人与人之间的交流方式，比如伯特·斯旺森教授跟他的 AI 助手埃米就是通过“邮件对话”互动。当你说出“嘿，Siri”“嗨，Alexa”和“OK，Google”这样的指令时，实际上你就是在通过对话式用户界面来进行交流和操作。

使用对话式用户界面的数字工具在数量和影响力方面的增长相当迅猛。当某个机构要求你在电话中提供特定信息或回答问题时，比如让你拼写自己的姓名、回答“是”或“否”，以及让你说出社保卡号的后四位，这个系统背后很可能就是对话式用户界面的 AI。对话式机器人能够得到普及，不仅是因为它们能带来更好的商业效益，还因为它们能提供更高效、更便捷的服务。

举个例子，如果你在美国国家铁路客运公司（Amtrak，简称美铁）的订票系统上订过火车票，那你应该对一个叫朱莉（Julie）的 AI 不陌生。朱莉每年要回答 500 多万个问题，为 3000 多万名乘客提供服务。朱莉可以在美铁的订票系统上自动填写表格，并在预订过程中给用户提供指导。只要告诉朱莉你的目的地和出发时间，她就会帮你搞定一切。朱莉的投资回报率高达 800%。通过让朱莉回答一些简单且常见的问题，美铁每年节省了超过 100 万美元的人工客服费用。此外，由于朱莉非常擅长推销，该平台的订单量也增加了 25%，通过朱莉预订产生的收入也比通过网站预订高出了 30%！

美铁明确告知用户朱莉是 AI，并解释了他们为什么选择 AI 而不是人工客服，这是朱莉取得成功的重要原因之一。这样一来，用户一开始就不会把朱莉当成人工客服，对朱莉的期望值也会随之降低，而且向朱莉提问时也会斟酌自己的提问方式，从而让朱莉的回答更准确。美铁的做法可能听起来有点反常识，毕竟很多公司都在力求让他们的聊天机器人能够以假乱真，他们认为这样做效果才最好。培养一套好的数字思维，我们首先需要改变看待人与机器关系的方式。我们必须明白，尽管机器的人类化程度越来越高，但它们仍然是机器，它们需要明确的指令并专注于特定任务。

X 人工智能公司开发了会议日程助手埃米。埃米就像一个真人助手，通过向它或另一位助手安德鲁（Andrew）发送电子邮件，你可以安排工作会议，还可以邀请朋友观看你家孩子的篮球比赛。但该公司的首席执行官丹尼斯·莫滕森（Dennis Mortensen）发现，90% 的人都向公司反映，他们在尝试使用自然语言与机器人进行交流时往往会遇到很多困难。或许这也解释了斯旺森教授为什么为那次会面安排而头疼，因为他一直使用口语而非正式的对话方式和埃米交流。除了他的言谈方式外，他对埃米做出了太多自信的预设，这也是原因之一。他以为埃米能够理解他的时间安排要求，并且能够从上下文中推断出他的偏好。斯旺森教授说话太不正式且随意，机器人是理解不了这种言语风格的。机器人也无法理解沟通时应遵守的社交规范和常识，比如在安排与他人的会面时（尤其是能帮上你忙的人），频繁或突然改变会面细节可能会给别人带来不便。事实证明，与智能机器人随意交流比我们想象的要困难多了。

把机器当成机器，可以帮助我们更高效地利用技术，这一观点已经被研究人员证实。斯坦福大学教授克利福德·纳斯（Clifford Nass）和哈佛商学院教授文荣美（Youngme Moon）进行了一系列研究，研究对象是人与拟人化的计算机界面互动时的表现。（拟人化是指将人类的特征和属性赋予那些无生命的物体。在人工智能研究中，拟人化是一个非常重要的议题。）研究人员发现，在与计算机交互时，人们往往会将人类的社会属性过度投射到计算机身上，比如对机器人抱有性别刻板印象，或者把机器人当成和自己一个种族的人。此外，研究还表明，人们在交互过程中会下意识地表现出社会行为，比如对计算机展现礼貌和互惠行为。而且即使知道与自己交互的不是人类，被调查者仍然倾向于把机器人或者其他人工智能视为人类，并把它们当作人类一样互动。这表明我们经常将人类社会行为模式应用于与机器的互动中，以满足我们天生的与人建立联系的冲动。

当通过对话式用户界面与 AI 进行交互时，这个问题尤为严重。在我们曾经做过的一项研究中，两家公司都使用了 AI 助手来回答日常业务问题。其中一家公司使用的是拟人化的 AI 助手，而另一家公司则不是。

当拟人化助手无法提供有用答案时，这家公司的员工总是对此感到气愤，并且会给出类似于“它太差劲了”或者“我还以为它能回答得更好”的评价。关键是，他们还会试图改善与机器的关系，而且采取的做法和他们在办公室与真人交往时非常相似，比如更礼貌地提问、换一种措辞或者专门在他们认为 AI 助手“有空”的时候提问，但这些策略实际上并没有什么用。

与之相反，另一家公司的员工对他们的 AI 助手就要满意得多。他们一开始就觉得 AI 无法理解人类对话的言外之意和微妙之处，所以他们直接把 AI 助手当成计算机，仔细地向它描述问题，确保 AI 助手能够完全按照他们的要求执行任务。这家公司的员工认为 AI 反馈的答案不仅有用，有时候甚至还会给人惊喜。即使出现一些问题，他们也觉得这是计算机的常见故障。

至少在可预见的未来，有一点是很明确的：尽管机器可能通过人工智能技术变得更加智能和拟人，但我们仍然应该把它们看作科技产品，这是与机器协作的一个关键点。科技让人们期待机器以人类的方式回应，还让人们相信机器能够推断出人类的意图。但事实是，这两点机器都无法做到。为了通过对话式用户界面实现交互，我们需要具有数字思维，并且需要意识到我们离实现真正的人类一样的交互还有很长的路要走。也正因为人工智能无法准确推断你的意图，所以在与其进行交互时，你应该明确说明任务的每个步骤并清楚表达任务目标。

与机器建立信任：人机协作

过去我们只把科技当成一个促进团队成员交互的工具，比如通过 Skype 软件进行远程团队协作、共享 Excel 表格或者多人访问同一个甲骨文数据库等。但随着机器学习、自然语言处理和人工智能等技术的发展，科技本身也逐渐变成“真正意义上的”团队成员，它不仅能与其他成员进行交互，还能提出建议并执行决策。

美国军方在应用人机协作技术方面处于领先地位，他们利用这项技术来决定车队在战场上的行进路线以及制订战术计划。一些公司也开始在业务运营中引入人工智能，比如谷歌的高层决策、富士康的制造车间和某些银行的承保业务都采用了智能数字技术。

实现人机协作的关键是信任机器，但建立信任并非易事。虽然我们经常在沟通过程中把机器当作人类，但实际上我们很难做到完全信任它们的决策。

假如你正在战场作战，此时你需要 AI 为你提供敌方坐标或者穿越敌人营地的最佳路线，你怎么判断它给出的答案是准确可靠的呢?

为了回答这个问题并学会信任 AI，我们需要回顾前文提到的相关知识。机器学习指的是计算机根据获取的数据来调整其行为。在战场上，这可能意味着设立某个具体的目标，比如尽量减少失误，或者设立一套定义失手或命中的规则，这样计算机才能够根据经验调整决策。这个学习过程需要大量的训练数据。但重要的是，经过有效训练的 AI 可以根据近期的相关数据做出准确决策，并在必要时做出调整。

我们必须相信，通过培养数字思维可以促进人机协作，哪怕计算机决策过程中的大部分具体计算是未知的。同时我们也要相信计算机能够比人类更好地利用数据，并取得更好的结果。

机器学习的先驱之一阿瑟·塞缪尔（Arthur Samuel）就是一个很好的例子。他曾教一个计算机程序下跳棋，希望能把它培养成比自己更好的棋手。但仅仅通过他自己编程显然无法实现这一想法，所以塞缪尔准备了大量棋局作为训练数据，并通过注释将“好棋”与“坏棋”区分开来。除此之外，他还提供了《利斯跳棋指南》作为选择棋步时的标准。这些数据让计算机程序能够尽可能地选择跳棋高手视作“优”的棋步。

1962 年，塞缪尔的程序击败了康涅狄格州的跳棋冠军，这位冠军曾是全国排名第四的顶级选手。从这个案例中我们可以看出，尽管决策规则是由程序员预先编写和设定的，但计算机程序能够更好地应用这些规则并做出决策。

和机器下跳棋好像也没那么重要。因此，在使用 AI 玩游戏或者执行其他简单任务的时候，我们很少怀疑它们的能力。大多数研究都表明，人们普遍相信 AI 比人类更擅长处理数字和遵循简单规则。乔治城大学的珍妮弗·洛格（Jennifer Logg）的研究也证实了这一点。在她的研究中，参与者会收到关于商业成功、歌曲流行或者两性吸引力的简单预测和建议。其中一部分人被告知这些信息的来源是人，而其余人则被告知这些信息来自算法，但其实他们收到的信息是完全相同的。结果显示，比起人的建议，绝大多数人都选择相信算法。有时候他们甚至认为算法比自己的判断更可靠。

有趣的是，在决策过程中，数字思维不够成熟的人和不愿意接受建议的专家更抵触 AI 的决策，而这种抵触最终也导致他们的决策准确性下降。

在低重要性、相对简单和计算类（基于精确计数）的任务中，人们非常信任机器。在此基础上通常也能取得更好的结果。

而利用机器来执行预测消费者行为、制定最佳军事打击战术或诊断疾病这类更复杂且数值计算较少的任务，则事关重大。所以尽管我们知道我们对机器的信任在人机协作中不可或缺，但建立信任却变得困难得多。

南加州大学的大卫·纽曼（David Newman）和他的同事们对此进行了一系列实验。实验的参与者会收到来自经理或人工智能的表现反馈。结果显示，如果评估标准相对“客观”（例如一定时间内拨通的销售电话数量），AI 比真人评估的结果更加准确。这一结果也和之前洛格的研究结果相似。然而，当评估标准更加“主观”时（例如为达成交易做出多少努力，或者是否与潜在客户建立了联系），他们则更相信人类经理的判断。这表明我们对 AI 准确性的信任在很大程度上取决于任务类型。

考虑到以上这些人工智能的特性，我们必须明白信任人类和信任科技是有区别的。尽管人工智能十分复杂，其内部运作机理无法被直接观察或者超出我们的认知能力，但我们仍然需要怀揣信任。巴伊兰大学的埃拉·格利克森（Ella Glikson）和卡内基梅隆大学的阿妮塔·伍利（Anita Woolley）认为，信任人工智能至少需要满足两个条件：

1. **人工智能必须透明。**某组算法的工作原理，或者至少其背后的假设和前提，必须是可被人类理解的。
2. **人工智能必须可靠。**低可靠性会显著降低信任度，而恢复信任不仅困难而且耗时。

格利克森和伍利认为，虽然人工智能拟人化可以增强用户信任感，但同时也会让用户产生很高的期望。假如人工智能的实际表现不尽如人意，信任也会遭到破坏。

为了进一步验证这些假设，由杰西·陈（Jessie Chen）博士领导的美国陆军研究实验室研发了一台名为“自主队员”的小型地面机器人，并让它与步兵小队成员直接沟通，共同做出战术决策。战场情况瞬息万变，难以把握，在这样的环境中，人的生命和安全面临着巨大风险，因此团队成员（无论是人还是机器）之间的信任至关重要。AI 机器人能够更快速地处理数据并进行实时计算，在这类高风险情况下它们可能发挥重要作用，但前提是团队其他成员能够接受并相信它的建议。

为了使决策过程透明化，机器人依次向团队成员提供了三个维度的可视化信息。首先，机器人提供了有关当前状态和目标的基本信息。其次，机器人描述了推理过程和考虑的情境因素。最后，机器人给出了关于未来状态、可能的结果以及成功率或失败率的预测。

当机器人将其决策过程透明化时，团队成员表现出了更高的信任度，而且更愿意接受机器人的建议。当团队成员不清楚机器人做出这些决策的过程时，情况则完全相反。研究还发现，如果团队成员向机器人详细解释他们行为背后的思考和分析过程，机器人的学习效果更好。这意味着清楚且目标明确的双向沟通对于人机交互至关重要。

当人的工作需要与机器交互时，他们需要理解机器是如何做出决策的。因此，工程师在设计机器时，需要考虑如何使机器的决策过程透明化。为了更好地和 AI 协作，我们其他人也可以从培养数字思维入手。我们需要明白，相信人工智能是重要且安全的，并且和相信人类是有区别的。当我们与不熟的人类同事交往时，我们会通过各种指标来判断他们是否值得信任，例如他们的教育水平、工作地点、职位、认识的人是否信任他们、他们是否给人聪明的印象，等等。如果我们信任他们并得到了好的结果，我们未来很有可能会再次信任他们。但如果结果很糟糕，我们未来可能就不会再付出信任。可是这些指标在我们与 AI 协作时并不适用。在评估 AI 的决策时，我们首先要了解任务类型。对于简单的计算和分类任务，我们可以信任机器的决策。但如果是更复杂的任务，我们则需要更深入地了解机器的决策过程和步骤。作为负责管理人机协作的“人”，你必须确保机器决策过程的透明，这样你手下的员工和你的客户才有信心和机器建立密切的合作，并且遵循它给出的建议。与此同时，你也应该对机器保持透明，这样可以帮助机器逐渐改善与人互动的方式。

有些人认为，既然 AI 在交互过程中都会变得越来越像人类，那么这些交互技能迟早会过时。但研究表明，事实恰恰相反。当机器人的行为变得更像人类时，我们也往往会将其视为人类，但这样做会引发很多问题。

完成 30% 目标
与机器共事

尽管机器在外观和声音上越来越像人类，但它们始终不是人。数字思维要求我们尤其意识到这二者的区别。不管是对机器发火还是对它和颜悦色都是没用的！与其关注这些细枝末节，不如好好了解机器的工作方式，学习人工智能的基础知识。

- 人工智能（AI）是机器人内部的计算机。如今随处可见的汽车、飞机、恒温器甚至电子邮件过滤器都依赖人工智能来执行特定任务。当你通过口头或书面与机器进行交互时，使用的就是对话式用户界面。
- 数据、算力和算法是计算机科学家开发人工智能的三要素。
- 技术堆栈由开发和运行单个应用程序所需的所有硬件和软件系统组成，通常包括前端系统、后端系统和中间件。
- 机器通过学习和解决问题来模仿人类的“认知”能力。
- 机器学习是人工智能的一种，它通过分析归纳大量的示例进行自主“学习”。随着学习时间和学习数据的累积，它还会不断改进以适应新的情境。
- 由于算力的提高以及庞大的训练量，机器可以比人类大脑更快、更准确地进行更大规模的计算。也正因此，数字思维要求你给人工智能的指令要意图明确。

- 我们无法完全理解人工智能的计算方式，我们只能提供指令。具备数字思维可以帮助我们评估结果的准确性，并识别我们何时需要对结果进行进一步的验证和审查，以确保其合理性。

了解人工智能的基本原理之后，你能更准确地评估你的机器人“同事”是否值得信任。同时还需要注意，在人机协作过程中，人工智能不会对你的情绪做出回应，它只会按照你的明确指令进行操作。

第2章

数字化存在感

不见其人，但闻其声

你可能认为，和人共事总比和机器协作简单得多，毕竟双方都是人。但现实是，远程工作已彻底改变了职场人之间的交互模式。当你的同事、经理或客户与你无法面对面时，人们很容易将你遗忘，乃至失联。培养良好的数字思维，可以帮助你和远程协作者保持同步。

在远程工作中，你一定遇到过同事不回信息的情况。此时你会开始猜测，他们很忙吗？还是他们不想回呢？抑或是两者都有？会不会他们根本就没有收到信息？在异地协作的情况下，我们会自行解释对方的行为并推测对方的意图。我们之所以会这样想，是因为我们远程工作中所使用的数字工具使我们面临着信息共享与理解方面的挑战，这被凯瑟琳·克拉姆顿教授（Catherine Cramton）称为“共有知识问题”（mutual knowledge problem）。凯瑟琳·克拉姆顿是乔治梅森大学管理学名誉教授，研究数字化协作多年。共有知识指的是为了实现相互理解，人们需要共享的信息。也许你的同事没有回复是因为他们休假了，或者他们正在处理紧急事项而无暇顾及你的邮件，抑或是你的邮件被误判为垃圾邮件。远程工作很难保证信息共享，只要有距离，即使再短，也都会阻碍我们相互理解。但如果没有做到信息共享，合作就很难推进，团队也会分崩离析。

在数字时代，要想建立紧密、协同的工作关系，我们需要培养一种能够预见共有知识问题并提前应对的思维模式。我们把这些策略称为数字化存在感。接下来你将学习如何有效建立数字化存在感。我们通过观察和分析远程工作者的经验，总结了建立数字化存在感的最佳实践。这些工作者来自不同的组织和行业，其中包括奥多比（Adobe）、美国电话电报公司、蓝十字蓝盾协会（Blue Cross Blue Shield）、思科（Cisco）、福莱国际传播咨询公司（FleishmanHillard）、惠普、国际商业机器公司、“LogMeIn”公司（LogMeIn）、威瑞森无线公司（Verizon Wireless）、泰科电子（Tyco）和富国银行（Wells Fargo）等公司。

我们将这些公司中数字化存在感很强的人和没什么存在感的人相比较，发现了他们提升数字化存在感的秘诀——保持与他人沟通的连续性。这些人不会让沟通中存在长时间的间隔，也不会让其他人感受到他们的缺席。虽然他们和同事的工作时间和工作时长各不相同，但同事们却觉得他们近在咫尺。如何让他人感受到你的存在感并时时想起你呢？主要有以下三种办法：

- 及时同步，避免静默
- 激发同事的好奇心
- 尊重对方的时间表

及时同步，避免静默

詹娜（Jenna）在一家大型网络硬件公司担任软件工程师。工作四年后，她加入了一个由顶尖开发人员组成的团队，该团队负责开发公司的旗舰产品。团队经理和四分之一的团队成员在该公司的硅谷总部工作，其他成员则分布在世界各地。詹娜是该公司在北卡罗来纳州的唯一成员。虽然她很热爱这份工作，但远程协作也给她带来了不少麻烦，尤其是在刚开始远程的几个月。“这是我第一次远程工作。工作内容不难，但我并不清楚项目进展，而且我总感觉经理没有告知我所有的信息。”

根据我们与《财富》（*Fortune*）杂志世界50强公司的合作经验，在远程工作中，由于共有知识问题，员工常常感到被遗忘或被忽视。尽管詹娜的公司为员工提供了多种沟通渠道，例如电子邮件、即时通信软件、内部社交媒体和其他数字协作工具，但詹娜仍经常感到被遗忘。而且这种团队一般远程办公和现场办公同时进行，所以这本身就是一个复杂的问题，当然这种情况也很典型。但是当现场办公的员工与经理一起工作，或者团队中的某个人独自在外远程办公时，这个问题会愈发恶化。在詹娜的案例中，这两个因素共同促进了她的问题。

詹娜对自己的绩效评估感到震惊，因为她从未得过如此低的评价。她向经理反映自己在工作期间完成甚至超额完成了经理安排的所有任务，经理也表示她的工作没有什么问题，只是自己感觉不到詹娜在整体工作中表现得多么出色。詹娜当然对经理模棱两可的回答感到不快，但经过反思之后她也理解了经理的想法。毕竟她在远程工作，别人看不到她的工作状态，对她的评估自然可能产生误判。所以詹娜做出了一个小小的改变：“虽然团队并未向我提出这样的要求，但我决定和团队及时同步自己的工作进展。”于是她将咨询问题的邮件同步抄送给经理；当她达成某个阶段性目标时，她也会通过数字协作工具告知经理；她还会给经理和其他团队成员发送短消息以同步更新任务进展。这些小小的举措帮助她在经理和同事中间建立了数字化存在感。所以在后面一次绩效评估中，詹娜得到了她有史以来最好的评价。其中经理的一条评论让她记忆深刻：“詹娜，你真是无处不在！”其实詹娜的工作质量并没有实质性的提升，她只是改变了人们了解她工作的时间和方式，而仅靠这点就让她的绩效评估从最差变成最好。

像詹娜一样在数字化协作中表现出色的人不会干等着经理或成员来询问他们的工作状况、工作进展或个人看法。恰恰相反，即使没人询问他们对项目的看法，或关注他们的工作状况，他们也会积极主动地与他人联系，建立并保持数字化存在感。虽然他们起初可能不太习惯和他人实时同步自己的工作状况，因为这样会让他们感到不自在，但随着时间的推移，他们会逐渐习惯主动分享自己的工作进展，这也给团队成员省下不少事儿。他们的经理和同事也会因此相当了解他们的工作参与度。

除此之外，很多人还担心过度沟通会给接收者带来困扰。但出乎意料的是，尽管詹娜增加了沟通频率，经理和同事却并没有察觉到这一点。我们曾向一位大型团队的经理展示了过去两周内他从某个成员那里收到的消息数量，他对此感到非常震惊："我完全没意识到他给我分享了这么多次更新，真的完全没有！但我可以肯定的是，他工作一直很努力。"这些不请自来的消息并没有增加接收者的认知负担，因为发信人没有向接收者提出任何要求，他也不需要采取其他额外的行动或时间投入。发信人唯一的目的是维护和保持自己的数字化存在感。但是通过这个过程，经理了解了团队成员们的工作进展，并且对项目进程有了清晰的把握。此外，他还能更好地体察团队成员所付出的努力。每个人都从中收获了信息的同步。

激发同事的好奇心

"在吗？""我有件重要的事要跟你说。""有件事你必须知道。请尽快回我消息。""我听说了一些新鲜事。""你能尽快回复我吗？我们需要谈谈。"这些开场白的共同点是什么？在大型电信公司担任高级经理的达蒙（Damon）解释道："如果有人给我发这种带点模糊性的消息，我真的忍不住不去关注。这样的消息简直吊足了我的胃口。"其他领导和同事的反应也和达蒙类似，他们会把思绪和注意力都转向发消息的人。这样的开场白不一定每一次都有用，但也不失为保持数字化存在感的一种方法。

我们被不断灌输着这样的想法：最好的沟通应该做到简洁、清晰，尤其是在工作中。如果你的目的是向某人同步最新信息、表达即时见解或让他理解你的意思，这样做确实是正确的。

但如果你只是想提高与他人沟通时的存在感，那么模糊性——简洁、清晰的反面——会变得有用，有助于在数字化协作中让他人认识你、记得你。南佛罗里达大学的教授埃里克·艾森伯格（Eric Eisenberg）的主要研究方向的是人们如何在沟通中策略性地利用模糊性。他发现，当一个信息（无论是像电子邮件这样的日常交流，还是如公司使命这样的正式表述）被刻意地写得模棱两可时，会同时产生以下两种效果。第一种效果：收到信息的人会不断思考这条消息到底是什么意思，并且更加关注发送消息的人。第二种效果：他们会开始自行解读这条信息表层和背后的深刻含义。无论哪种效果，模糊性都能够吸引人们的注意力，并将其准确地聚焦在具备数字思维的沟通者所希望的地方——即沟通者自己身上。

我们还发现，在远程工作中，这些带有模糊性的信息会激发人们的好奇心，从而增加他们对这些信息的关注程度。阿莱娜（Alena）是一家大型银行的销售代表，关于她如何在远程工作中实践这一点，她是这样描述的："如果我和某人很少见面，但我又希望被他记住，那我一般会等到真的有事跟他说的时候再发消息，而且我只会发一条类似于'我有重要的事要说'这样的消息，然后就此打住。不把话说全，他们就会好奇。他们回复我的时候他们就会说'我脑子里一整天都是你的消息'，而这正是我想要的。"阿莱娜有意识地采用一些策略来保持她的数字化存在感，这正是数字思维的体现。

当然，如果每条信息都想引发对方的好奇心，那对方很快就会开始麻木。就像广告总是承诺会给你提供最佳的解决方案，通常是在你付了一大笔钱之后，这样的广告看多了，人就容易免疫了。因此对承诺的把握和时机的选择也同样重要。战术性的模棱两可在满足以下三个条件时效果最好：

- **有回报。**引起对方好奇的信息本身要有值得对方关注的价值，否则对方就会感到失望。
- **好时机。**过早透露完整信息不利于数字化存在感的建立。如果你的目的是让人们在接下来的一定时间内记住你并关注你，在恰当的时机补充信息非常重要，信息过早透露会导致对方的紧张感消失。
- **频率适当。**两次向同一人发送类似的模糊信息至少要间隔4~6个月。

在培养数字思维时很重要的一点是，当沟通主要经由网络进行时，让对方的注意力短时间、高强度地集中到你身上，即使只是偶尔为之，也会让对方更直接地感受到你的存在。

尊重对方的时间表

人们的注意力总会被各种人和信息占据，这也是我们为什么需要在虚拟办公中建立存在感的主要原因之一。如果大家看不见你的存在，原先本应分给你的注意力就容易被分散。这也是广告主和营销专家过去几十年来一直都在努力攻克的难题。我们或许可以从数字化广告中借鉴一些思路：人接受信息的时机会影响人对信息的接受程度。广告主可以轻松追踪用户在数字平台上进行各种操作的时机，然后对这些被称为“数字化行为”的数据进行分析，进而找出人们最容易接受其广告的时机。

马克·瓦东（Mark Vadon）是在线珠宝零售商铂路奈尔珠宝网站（Blue Nile）和母婴品牌追丽网站（Zulily，这个网站起初是一家主营儿童服饰闪购的网站）的创始人，马克分析了他两个网站的数字化行为数据，试图寻找消费者购物的规律。他发现周一成交量最多，周末成交量最少。亿贝（eBay）和贝宝（PayPal）的购物专员克劳迪娅·隆巴纳（Claudia Lombana）

进行数据分析时也发现了类似的情况。不仅如此，她还发现当地时间中午12点至下午1点之间的成交量最多。原来这是因为人们总会在周末往购物车里加很多东西，而他们最喜欢利用周一的午休时间坐在电脑前下单。广告主通过敏锐的洞察得知午休是人们购物欲最旺盛的时候，于是选择在此时投放大量广告。也正因如此，谷歌广告（Google AdWords）中午12点至下午1点的广告投放费用更高。随着近年来手机购物的繁荣，消费者的行为模式产生了变化，广告主为了适应消费者的变化，找到更合适的广告投放时间，也不得不进行更复杂的数据分析。但无论如何，时机对于广告接受度仍然至关重要。

工作伙伴对你的消息的接受程度也很可能受时间影响。如果你想要触达的人很忙，经常被各种消息轰炸，那你最好在对方有准备倾听你的邮件、短信或其他方式诉说时发消息。但根据我们的研究，大多数人的行为正好相反，他们往往选择在自己最方便的时间与对方沟通，而不会选择在对方最方便的时候。

你和工作伙伴之间很可能会有时差，即使时差不大也可能会导致不同工作区间注意力时段无法对齐的问题。以大型医疗保险公司的分析师塞内卡（Syneca）为例。她的办公室位于美国西海岸，而她的同事则分布在芝加哥、纽约和波士顿。塞内卡通常会在上午9点到达办公室，然后询问前一天未解决的问题。但东海岸的同事们这个时候正在午休，通常要等到午休结束才会回复她，可塞内卡在等待时间里已经开始处理其他任务。相比之下，当塞内卡和同一时区的同事共事时，他们之间的沟通往往更加活跃且及时。这也不难解释为什么西海岸的同事们觉得塞内卡很关注他们，而东海岸的同事则没有这种感觉。波士顿的一位同事是这样评价她的："和塞内卡共事感受一般般吧。尽管我跟她的实时沟通并不多，但她人还是挺可靠的。"这意味着，塞内卡在与不同时区的同事共事时并没有展现出足够高的存在感。

塞内卡对于没能与远方的团队建立牢固的联系感到非常失落，于是她决定改变发消息的时间。她回忆道："我将一些事务向后推迟了近一个小时，这时东海岸的人午休也基本结束了。情况迅速有了起色。我不用再经历漫长的等待，因为他们会立即回复我。我和同事们也实现了真正的双向沟通并把工作向下推进。"虽然推迟邮件发送时间一小时只是一个细微的改变，但哪怕是这样微小的改变也会在线上沟通中影响你在异地同事心中的存在感。

在我们合作过的伙伴中，像塞内卡一样为了优化信息接收效果而调整了沟通习惯的人，都得以在沟通对象那边建立起自己的存在感，哪怕对方每天都淹没在大量的消息里。一家大型电脑制造商的高级副总裁曾直白地表示："你是能感觉到对方在支持你的。之所以会有这种感觉，一部分是因为你知道只要你向他们求助，他们就会伸出援手。但如果你们总是错过彼此的消息，你们之间的连接感就会减弱。久而久之，你们可能就会停止联系。"

用社交媒体助力数字化协作

内网社交媒体彻底改变了工作中的沟通方式。为了建立数字思维，我们要有意识地通过这些工具与同事和管理者进行高效的互动，比如和不同的同事建立多个讨论组、点击团队成员发送的链接、及时接收团队的新任务提醒、参加支持屏幕共享的线上会议、共同编辑文档，以及阅读公司内部公告（例如停车政策的变更），等等。近年来内网社交媒体的发展十分迅速。2020 年新冠肺炎疫情时期，内网社交媒体软件取代了大多数情况下的电子邮件和电话，变得十分普及。

虽然内网社交媒体的兴起异常迅猛，但这并不等于公司及其员工已经熟知如何利用它。公司在进行数字化转型时，通常会先行选择好相关的技术工具，继而尝试将这些技术工具融入组织，这种思路也被美国空军的人工智能和机器学习主管迈克尔·卡纳安（Michael Kanaan）称为“技术解决主义”（techno-solutionism）。而且迈克尔·卡纳安认为这是一种错误的思路，他认为公司应该先设立具体目标，再思考数字工具将怎样帮他们实现这些目标。不仅高管应该这么做，经理和员工也应如此操作。我们曾在一家大型金融服务公司进行了为期六个月的调查，与不同规模的组织的员工和领导讨论了他们是如何使用内部社交媒体的。关于如何充分利用内网社交媒体平台实现公司目标，我们总结出三条最佳策略：

- 明确目的
- 多看多学
- 触及个人

明确目的

公司里的每个人都要了解内网社交媒体的作用及其可在工作中释放的巨大潜力。高效利用内网社交媒体可以增强组织内人际关系并促进知识共享。比起它能提供的快速便捷的在线沟通，这一优点可能并不明显，但这正是数字化协作工具在组织中发挥重要作用的原因。更确切地说，内网社交媒体的关键作用在于，除了信息本身，你还可以了解信息是由谁、在何种语境下发出的。我们将这种语境信息称为元知识（metaknowledge），它是人与人相互产生连接的一大基础。而这种连接又会反过来促进信息共享，助力解决问题和推动创新。

管理者必须向员工展示内网社交媒体的强大。他们必须让员工清楚，使用内网社交媒体的目的是加强员工之间的联系，改善沟通和协作。不然，员工会认为与工作无关的在线社交不仅不会提高生产力，反而会成为生产力的阻碍。毕竟工作中的“社交”，尤其是在线社交，通常被认为会分散员工的注意力。管理者可以以身作则，给员工树立榜样。如果发现内部平台上出现一个好的想法，管理者可以公开地与发布者进行互动。当员工分享与工作无关的信息时，管理者亦可以活跃地加入讨论。参与人数要达到一定数量，内网数字协作工具才能发挥其最大的作用。如果员工因担心因言获罪而拒绝使用内网社交媒体，那么内网社交媒体的价值也无法得到充分的开发。因此，管理者必须向员工和整个组织清楚地示范和讲解这些新技术所能带来的益处。

多看多学

丽根（Reagan）是一家大型大气研究实验室的 IT 技术人员。她的一天常常从浏览其工作群组在内网社交媒体上的聊天记录开始。某天早上她正在安静地浏览她所在工作组的内网社交媒体，其中一段对话引起了她的注意。她的同事杰米（Jamie）给另一位技术员布雷特（Brett）发送了一条关于如何解决语义密钥加密问题的消息。当读完布雷特的回复时，她十分激动，因为这也是她一直苦思冥想的问题，现在她终于找到了答案。她说："很庆幸我看到了那条消息。杰米解释得非常清楚，我很快就学会了。"也许你曾经也这样和同事探讨过一些工作上的问题，只不过原来是在走廊上或电子邮件中。内网社交媒体让远程工作者也得以共享信息，且这种共享不再局限于一对一的对话，而是面向了更广泛的同事。由于杰米和布雷特的聊天对实验室的其他人可见，丽根甚至没有刻意索求答案，就找到了这个困扰她许久的问题的解决之策。他们三个人都充分利用了这种交流模式。

社交媒体还可以促进创新。你可以借鉴其他部门的想法和解决方案，再结合自己的需求融会贯通，以服务你的工作目标。蒂姆（Tim）是一家金融服务公司消费金融部门的员工，他正在研究一款新的贷款项目的某些细节，却始终没有头绪。就在这时，他突然有了灵感："我恍然记起之前看过的一段对话……其中一个人是定价部门的，他提到了与风险因素相关的利率变动。这一点吸引了我，所以我读了他们的聊天记录，其中一些关于风险的重要想法也对我很有帮助。于是我给他发了一封邮件，希望能了解更多相关内容，最终他回答了我的问题，我也基于他的回答完善了这个项目。这个项目不仅迄今为止很成功而且还很有创新性，我感到非常自豪。”蒂姆不仅从之前的交流记录获取了所需的信息，而且通过公司内部的数字协作工具知道了“谁是哪方面的行家”，这样他就可以发邮件了解更多信息。蒂姆的主管也很高兴，因为该产品最终按时交付并且没超预算，同时该产品也在激烈的市场竞争中为公司开辟了一席之地。

数字思维让我们明白，即使知识没有直接呈现在我们眼前，内网社交媒体也可以帮助我们获取知识。阿曼达（Amanda）是蒂姆所在金融公司的市场协调员。阿曼达的经理要求她分析一个庞大的数据集，但阿曼达不知道该如何做。她先是试着自己解决，后来又尝试在公司的社交平台上寻找解决方案，但仍是没有头绪。不过，她发现了市场部的里克（Rick）和艾丽西亚（Alicia）也在讨论同样的问题。里克建议艾丽西亚联系分析部门会编程的马克（Mark）。阿曼达也迫不及待地在马克的语音信箱里留言，但她并没有得到回复，于是她第二天又去留言，可是仍然没有回音。好在通过里克和艾丽西亚之间的对话，阿曼达不仅知道了“谁是哪方面的行家”，还知道了“谁认识哪位行家”——这也是一种非常重要的元知识。所以她请里克帮她介绍一下马克。几分钟后，阿曼达与马克通了电话，马克帮阿曼达编写了脚本，为她节省了将近一周的时间。

从这个故事我们学到，时刻关注可能有用的信息对我们大有益处。培养数字思维让我们明白社交工具不仅可以用来挖掘必要的信息，还可以让组织中的每个人了解当前进行的项目和提案，从而避免重复劳动。从中节省出的时间和金钱，也可以用于创造和生成新的知识。

随着时间的推移，像丽根、蒂姆和阿曼达这样会留意同事们的线上讨论的员工会积攒起很多看似不重要的信息碎片。凭借这些碎片，他们最终可以拼凑出同事的特长和公司的关系网的全貌。科技作家克莱夫·汤普森

（Clive Thompson）将使用数字协作工具比作点彩画。在点彩画中，单个的点并没有明确的意义。但是当你从远处看时，你就会发现，所有的点聚集在一起形成了一个丰富的画面。我们同样也可以以此类比数字思维。不过，拼凑全貌的过程是缓慢的，在这个过程中人们很难意识到自己其实正在学习。所以在推广数字协作工具时，管理者需要明确强调知识共享和技能培养的潜在价值并与员工讨论未来的个人发展，防止员工低效使用甚至放弃使用这些工具。

触及个人

正如一位大型保险公司的高级主管所说，社交媒体对千禧一代而言已经和呼吸一般重要。他们是在脸书、推特、照片墙（Instagram）、色拉布（Snapchat）和红迪网（Reddit）上长大的数字原住民。网上交友对他们来说也不是什么新鲜事，甚至已经成为常态。所以也难怪管理者总是指望“00后”员工在科技方面树立榜样，期望他们成为在工作中使用数字协作工具的先行者。

这种想法其实是错误的。根据我们的研究，大约 85% 的年轻员工表示他们在工作中使用数字协作工具时会遇到很多困难，这与先验的期望恰恰相反。耐人寻味的是，大约 90% 的年长员工反而觉得这些沟通工具既新奇又好用。

对于有不同社交工具使用经验的人，通过社交媒体工具培养数字思维的过程可能也会面临不同的挑战，并且会在组织引入社媒工具时集中体现。在推行数字协作工具时，一些高级主管会将其与人们熟知的社交媒体平台类比，使用如“公司的脸书”或“公司的推特”这样的说法来形容它们。但在听到经理这样形容后，该保险公司的一位 22 岁的数据分析师感到很疑惑：“为什么我要在工作中使用脸书？我其实不太想让我的经理知道我昨晚去参加了一个派对。”所以领导者需要思考如何建设这些线上平台。他们需要向员工传达一条明确的信息，即公司欢迎和鼓励员工在社交媒体上轻松地聊天和进行其他活动，但同时也要明确工作和生活之间的界限。职场上的社交媒体互动可以很随意，也可以与工作无关，但同时也应该有益于提高生产力，并与个人生活区分开来。和体育、奈飞节目以及烹饪有关的聊天就可以很好地达到这种平衡。

无论你是哪个年代的人，利用数字协作工具开展一些友好且与工作无关的沟通都会对你大有裨益，因为它可以拓展你的知识共享网络。乔斯（Jose）就是一个很好的例子。他是一家电信公司的市场经理，他和他的同事亚历克斯（Alex）都热爱足球，并且他还把这种共同的热爱发展成了高效的合作关系。他们一开始对于欧洲杯相谈甚欢，后来又顺理成章地聊起各自部门中类似的工作问题。他们还计划将乔斯的营销知识应用于亚历克斯所在的电子商务部门的一个项目，进行全新的品牌推广活动。而这次合作使客户保留率增加了超过200%。亚历克斯说："我们部门之前从未与营销部门合作过。谁知道我们竟然如此合拍呢？"

不论年龄大小或者职级高低，工作之外的共同兴趣爱好都是加入数字协作工具的关键动机。和不熟的人聊天确实不容易，更别说你还得向他求助或请他帮忙了。但如果你已通过内部数字协作工具上的发言对他们有了一定了解，在与他们聊天时你会游刃有余很多。根据我们对何塞所在的电信公司的分析，采取类似做法的员工从同事那里获得相关的工作信息的概率是其他人的三倍。

通过观察同事在内部平台上分享的兴趣爱好和休闲活动，你还可以判断该同事是否讨人喜欢。一名大型电子商务公司的工程师告诉我们，他经常通过这样的方式来"评估同事"，并判断是否能够"安全"接近他们。其他人也表示自己曾采取过类似的做法。同事们回答问题或开玩笑的方式代表了他们是否平易近人。通过这些方式我们可以判断同事是否达到可接受的信任水平，即他们是否足够值得信赖，是否可以与其分享信息。信任的重要性不言而喻，毕竟请求别人帮你解决问题就代表你无法独立完成任务，而这种认知可能会让你感到心理脆弱，因为它暗示着你在某些方面的知识或能力不足。特别是在你担心因此而受到他人的负面评价时，这种感觉会尤其强烈（不论是在现实生活还是在网络世界中都是如此！）。培养数字思维并不意味着我们需要因为它改变自己的情感和行为方式。

数字协作工具在跨部门的交流与合作中效果最佳，尤其当你的交流对象是你通常见不到面的人时。但挑战也随之而来：关注各部门的内容既困难又耗时，因为每个部门往往职能不同，而且这些信息可能表面上与你的工作无关。有些组织也因此将数字协作工具限定在各部门内部使用。但是，如果沟通模式过于封闭，数字协作工具就无法起到推进知识共享的作用。在部署数字协作工具时，组织需要同时考虑两方面的因素：一是与直接共事的同事之间的协作和沟通，二是与其他可能需要合作和联系的人之间的联系。员工在工作中如能平衡好这两方面也会受益良多。管理者可以通过内部营销活动、一对一会议和集体培训帮助员工有效应对这些挑战并培养数字思维，使员工充分利用在线交互的机会。

关注正确的信息

虽然用户可以从数字协作工具那里获得海量的信息，但并不是所有可见的信息都有用，或有价值。社交媒体上的内容有时会导致人们被错误的信息误导而采取错误的行动。我们不妨回到之前的大气研究实验室看看。实验室的一次重组让一群从未合作过的 IT 技术人员有了共事的机会。起初，众人认为资历最深的那名技术员专业水平最高。可是后来该部门引入了一款数字协作工具。通过这款工具，实验室的每个人都可以看到其他同事对于 IT 问题的见解。他们由此发现，原来资历最浅的吉尔（Jill）才是最专业的，从此便转向吉尔请教问题。数字工具不仅通过自身的功能让实验室里的等级制度变得扁平，也让真正优秀的想法和有用的信息得以进入大家的视野，极大促进了团队的协作和创新。当然，不是每个人都对这个结果喜闻乐见。团队里原本最资深的技术人员佩姬（Peggy）在几个月后辞职了，因为她觉得同事们似乎已经对她的想法失去兴趣，而这让她感到非常沮丧。同事们选择转向吉尔请教的原因是吉尔的帖子里总是干货满满，这一点大家都很清楚。某位同事表示："我的问题对她来说好像根本没难度。"可以说，吉尔在建立数字存在感方面做得非常出色。

IT 主管也没有对佩姬的离开感到惋惜。他认为，佩姬本来就没有大家想的那么专业，而数字协作工具只是揭露了这一事实。同时他也很赞同员工们去寻求"最聪明"以及存在感最强的人的帮助。然而出人意料的是，在佩姬离职仅两个月后，科学家们对 IT 部门的评价暴跌。佩姬可能确实不是该部门技术最好的员工，但她最了解该实验室的社交文化和政治环境。她知道哪些科学家的问题应该首要处理，她也知道每个科学家对技术的偏好。

该团队在拥抱新技术的同时却忽视了佩姬拥有的与技术无关的人际交往技巧和社交知识，也低估了她在科学家们心中建立的存在感。能够在适当的时候将低技术技能的与高技术技能相结合，这也是数字思维的重要一环。佩姬在团队中得不到足够的重视就是因为技术人员们只考虑了技术专业度这一个维度。为了提高 IT 部门的客户满意度，IT 经理重新雇用了佩姬并给她涨薪 30%，同时还鼓励佩姬和该部门其他员工在内部网站上分享更多样化的知识。

在我们所研究过的所有公司里有个共同的现象，即员工往往把可见度最高的信息和知识视为最重要的信息和知识。这意味着，如果你做出的贡献和你的优势没有在你的帖子中得到显著体现，那它们很可能会被忽视。不仅你得不到任何好处，组织也无法充分利用你的价值。我们的研究结果正如一句古老的名言所说：被记录才能被记住。无论是一对一的电子邮件还是社交媒体网站上的帖子，建立数字化存在感需要很多努力。尽管一开始你可能会感到尴尬或多余，但随着时间的推移，你会逐渐适应你在虚拟世界的“身份”，并能够利用数字工具进行有效沟通和高效协作。

视野之外，脑海之中

很多人都经历过在远程工作中与团队无法保持一致，乃至与同事失联的情况。面对面交互有许多社交优势，比如非语言沟通和即时交流有利于建立共同体验，还可以让对方感受到自己的实际存在，从而集中双方沟通的注意力。但这些优势是远程交流所不具备的。在异地工作的情况下，拥有数字思维的人会通过全新的方式，在共事的同事甚至整个组织中建立起存在感。他们知道依赖数字技术进行协作的团队势必会面临共有知识问题。团队成员会对彼此的行为进行片面地猜测，并最终导致信息不同步。如果你是一个远程工作团队的经理，你不仅要积极地与团队成员取得联系，还要确保成员彼此之间也在保持联系。我们将存在感定义为能够引起他人注意，并把他人的目光聚焦到自己身上。当你在某人心里建立了存在感后，他们做决策时会想到你，行动也会受到你的影响。你即使不在他们眼前，也仍然在他们心中。因此，为了管理个人存在感，促进融洽的人际交往，我们需要根据和对方的关系来调节自己的抢眼程度，同时还需要在了解对方之后提出正确的问题并获得所需的信息。

完成 30% 目标
建立数字化存在感

数字技术使远程工作成为可能，继而彻底改变了人们的协作方式。非语言沟通和即时沟通所创造的共有体验和相互理解对人与人的连接至关重要，但在远程工作中，你无法享受这些好处。这被称为共有知识问题。

培养数字思维意味着使用全新的方式与合作伙伴、管理者、客户和整个组织建立数字化存在感。

建立数字化存在感的最佳实践包括：

- **及时同步，避免静默：**不要等待。无论你是否需要调整接下来的工作方向，你都应该及时向团队沟通你的工作进展，并且让他们感受到你的积极参与。
- **激发同事的好奇心：**如果有需要，可以使用带有模糊性的消息来引起团队成员的关注，但注意不要过度使用。
- **尊重对方的时间表：**在联系团队成员时，要考虑到他们的日程安排和时区。

利用内网社交媒体建立数字化存在感的方法包括：

- **明确目的：**内网社交媒体可以帮助你了解团队成员融入组织的情况、在组织中扮演的角色以及他们所做出的贡献。
- **多看多学：**密切关注有用的信息。社交媒体平台让本来是一对一的电子邮件中的信息向大众开放。
- **触及个人：**即使聊天主题与工作无关，也可以在内部社交媒体平台上聊。闲谈可以帮助团队成员之间建立更自然的默契，从而促进更高效的协作。
- **关注正确的信息：**不要忽视那些不那么显眼的信息，比如有关组织的政治环境和工作流程的知识。
- **视野之外，脑海之中：**在平台上保持活跃，让别人知道你的存在！

在数字时代建立密切合作的工作关系对我们的发展至关重要，所以我们必须培养一种可以预料并应对共有知识问题的思维模式。建立数字化存在感是其中的关键！

第二部分

计算

第 3 章

数据与分析

数据是重中之重

迈克尔·刘易斯（Michael Lewis）在他的畅销书《魔球》(*Moneyball*，后拍成电影《点球成金》）中分析了奥克兰运动家队的总经理比利·比恩（Billy Beane）是如何让这只小球队与“豪门”球队抗衡的。比利·比恩是美国职业棒球大联盟中最早对球员赛场数据进行统计分析的经理之一。通过大量的数据分析，他在运动家队的人才招募和赛时决策中取得了堪称奇迹的成果。刘易斯的书在棒球爱好者中引发了热烈的讨论。传统的做法是通过球探挖掘和高薪吸引明星球员，而数据分析法则是利用数据和统计分析来评估球员的表现和潜力。人们讨论的焦点是到底哪种方法最有利于发掘天才。在这场较量中，数据分析法简直完胜。在接下来的 20 年里，几乎所有棒球队都配备了自己的全职数据分析师。坦帕湾光芒队被公认为 2020 赛季最擅长使用数据分析的球队，因为他们以 2820 万美元的超低薪资打进了 2020 年的世界大赛，这个薪资水平在美国职业棒球大联盟 30 支球队中排名倒数第三。

数据分析在改变球队选拔方式和提高比赛战绩方面的成功证明了数据的巨大潜力。当然，这种成功的前提是我们拥抱数字思维并懂得如何明智地运用数据。如果我们没能真的理解如何运用数据，那么数据也可能会误导甚至耽误我们。

尼克·多尔顿（Nick Dalton）自诩为一个喜欢运动的“数学书呆子”。在读完《魔球》这本书后，他开始思考能否模仿比利·比恩的方法来提高他执教的高中男子篮球队的表现。多尔顿向几个朋友分享了他的想法，其中一人随即提起了刘易斯曾经为《纽约时报》杂志撰写的一篇关于篮球数据分析的文章。该文章介绍了休斯敦火箭队的后卫肖恩·巴蒂尔（Shane Battier），他身高 2.03 米，在美国的全国大学体育学会选秀中被杜克大学首轮选中。他是一名出色的球员，但在比赛次数、命中率、罚球次数、篮板或助攻等传统篮球指标中，他的表现并不尽如人意。可见量化衡量他的天赋似乎不是那么容易。正如刘易斯在文章中写道：“他的强大并不体现在比分或扣篮比赛中，而是体现在球场上。肖恩·巴蒂尔让球队的整体表现变好，甚至是好很多，同时让对手的表现下降得不止一点点。”

“那篇文章让我深受启发。”多尔顿说道，“其中让我印象最深刻的是巴蒂尔总是逼迫对手在他们得分率最低的区域投篮。我当时就在想，如果我能够找出我们对手得分率最低的区域，并将其告知我的队员，也许他们也能迫使对手去该区域出手，这样我们的优势就能扩大。换言之，我想为我的篮球队寻找出自己的‘魔球理论’。”多尔顿除了是篮球教练，还是学校的数学老师，甚至有一名篮球队队员还是他的大学先修课程微积分课上的尖子生，而且那位同学碰巧也读过刘易斯的文章。多尔顿认为这就是自己的王牌。“我原本以为，这件事做起来肯定就像扣篮一样信手拈来，毕竟我的队里有几个数学很强的队员，他们肯定能够真正用上这些数据。”

“但是我大错特错。”

多尔顿收集并分析了该区大部分高中篮球队当年的比赛数据，包括球员在上下哪个半场失误更多，以及球员在球场上哪个位置投篮失误率最高，等等。接下来他开始教他的球队阅读这些数据。“结果简直糟透了。”他说，“他们在数学课上学得很好，但是他们无法将数据应用到实战中。我问他们基于这些数据应该采取什么战术，他们就是答不上来。我只好带着他们一起分析。有些人似乎摸到了点门道并且愿意继续探索，但有些人依然对此不屑一顾，他们坚信自己的直觉更可靠。我也说服不了他们相信数据的准确性。”换句话说，虽然多尔顿的学生数学成绩好，但这并不说明他们拥有有效利用数据的数字思维。

在几次失败尝试后，多尔顿终于说服了一些球员在比赛战术中用上数据分析。“没想到这才是最糟糕的。我们按照数据分析得出的结论来执行战术，但对手还是能投进。我向队员们解释这只是概率问题，但即使是在抽象的微积分课上拿过高分的学生也很难理解概率。”从统计学的角度来说，按照数据分析结果调整战术之后，获得胜利的可能性会变得很大，但这并不意味着每次都会奏效。这又一次说明了具备数字思维的必要性。“我甚至都不确定我收集的数据是否足够准确。我花了那么多时间分析数据并教这群孩子们利用数据，但我可能一开始就不该基于这些数据来做预测。”多尔顿花了三年的时间将“魔球理论”引入他所执教的篮球队，但最终他还是放弃了。“现在我只教基本技能和战术安排。”他说，“数据分析最好还是留给专业人士来做。”

很多成功的人的故事中都有数据分析的身影，比如肖恩·巴蒂尔、奥克兰运动家队和亚马逊或脸书这些巨头公司。通过数据来预测人的行为可以帮助运动员提高球场表现，帮助团队赢得更多比赛，还可以帮助企业实现产品和广告销量的大幅增长。事实上，几乎所有体育俱乐部和企业里都在谈论“真正的魔球理论应该是……”或者“我们需要找到适用于……的魔球理论”这样的话题。既不关注体育也并非分析专家的人可能也看过布拉德·皮特（Brad Pitt）和乔纳·希尔（Jonah Hill）主演的电影《点球成金》。通过这部电影，我们可以深刻地体会到大多数体育联盟以及无数其他行业的运作方式正在发生改变，而这一切都来源于先进的数据分析。

但像尼克·多尔顿这样试图通过数据分析赋能却最终失败的故事，你可能没听过多少。但在现实中，这样失败的案例比成功案例要多得多。这并不是因为数据分析的作用被夸大了，而是因为如果你没有系统地学习过数据科学、不习惯概率性推理又没钱聘请专业人士来好好利用数据，你很难做到真正理解和应用数据分析。

培养数字思维意味着你必须了解和相信数据分析，而且你还要从多尔顿的故事中明白，仅仅说“我要开始使用数据分析”是远远不够的。即使真的开始了也未必够。你必须知道自己到底想从数据中得到什么答案，知道自己到底要在分析的过程中寻找什么，而这些还只是最基本的。学会预见分析的潜在结果（包括错误在内），以及了解不同的数据呈现方式产生的不同影响，也至关重要。为了避免和多尔顿犯一样的错误，我们将在这一章学习如何熟练掌握与处理数据相关的基本问题。在第 4 章我们将专门讨论关键统计分析。只要揭开了数据的神秘面纱，你就会明白它的能力和局限性。

我们曾与全球科技巨头微软、金融巨头发现金融服务公司（Discover）、国防承包商菲力尔（FLIR）以及矿业公司南三十二（South32）有过合作，也曾采访过数百名对理解数据产生、收集和计算感到困难的员工。从过往经验中，我们总结出三条有助于人们建立数字思维并学会通过数据分析进行观察、思考和行动的关键方法，它们分别是：

- 了解数据的来源和产生途径
- 破解数据分类和分析的黑盒
- 将数据可视化与受众需求相匹配

了解数据的来源和产生途径

关于数据你必须了解的一点是，数据不是天然产物，不会在自然环境中存在。相反，数据是人为创造的，它作为某项事物或过程的表征而存在。这也意味着，数据本质上就具有主观性。

你不妨这样理解：人们在某一时刻想要用不同的方式来描述像风这样

的自然现象，比如描述风的温度、风速以及风的湿度，因此人们发明了测量这些属性的设备，并将测量结果记录和存储下来。这些测量结果就是我们今天所说的数据，它们代表了风的不同特点，但却并不是风本身。这些数据也不能客观地描述风是什么或者风是什么感觉，它们只是一种描述风的方式而已。

数据并不是像贝壳那样被收集起来的。准确地说，数据是生成的，它始终是技术捕获和社会分类的产物。牢记这一点能帮助我们对数据在决策时所起的作用保持批判性思维，让我们意识到数据是人为创造的概念，是共同约定的假设，它不会独立于我们存在。而风和数据不一样，风并不依赖我们测量的数据而存在。我们完全可以设计一套新的标准来测量风，比如“足以吹掉帽子的强风”，然后生成相应的数据。

理解了数据的概念，你就会对数据的真实性和事实性开始持一定保留态度。我们容易过度相信或者误解数据的真实性，尤其当我们对数据所代表的含义一知半解时。请记住，数据也不一定保证是准确或真实的。

从记账本到条形码：灵活度与准确性的对决

最古老的数据生成方式就是手写。也就是说，当人们开始书写文字时，数据就开始产生了，比如古希腊的乐谱和古代宗教卷轴都是产生数据的形式。如果这些对你来说太过久远，那你也可以想象一下 19 世纪家居用品店的记账员将销售和库存信息登记在册的场景。他可能会记录下购买和销售物品的价格和数量、购买日期以及其他有用的信息。也许他还会记录下交货时的天气情况或者交货人的身份，这也是产生数据的一种形式。

早期记账员的记账自由度很高，因此不同记账员的账本差异非常大。有些记账员会一次性总结和记录一个月的销售情况，但有些记账员每天都会进行记录。不过当时也并没有明确的标准。

到了 21 世纪的今天，大多数商家都不会再手动记录这样的数据。现在的商品都有条形码，通过扫描条形码，商品的相关数据会被自动登记到一个软件程序中。哪些商品信息（比如颜色、重量和尺寸等）需要被该程序登记，是由商家决定的，同时该程序还会提供其他数据点（如扫描时间等）。许多公司已经转向或者正在转向自动化程度更高的登记流程。在这个流程中，射频识别（RFID）标签在到达仓库时会自动触发数据录入，甚至不需要人工扫描。不过，这也只是产生数据的途径之一。

数字思维要求你对自动化生成数据所面临的风险有一定的认识和理解。在库存清点和销售方面，使用更先进的技术可以使数据生成过程更加准确，毕竟扫描仪或 RFID 标签出错的可能性要比人类低得多。但这也导致个体无法自由决定要生成哪些数据。许多高端零售商和分销商所使用的扫描器和 RFID 标签都预先编程了数据字段，记录扫描产生的数据的软件也是如此。如果硬件或软件不支持用户自定义配置，那么只有和各个供应商协商才能生成特定的数据。

培养分析灵活性意味着即使你无法确定数据源是什么，也可以利用现有的预设字段生成你所需的新数据。例如，跟踪进货的软件记录了交货日期和销售日期，由此你可以计算出商品的库存时间，这个新创建的数据点可以帮助你更好地了解业务。

垃圾进，垃圾出

自动化数据也会产生错误或不良结果。就像计算机科学家和数据分析师说的那样："垃圾进，垃圾出。"这句话来自国际商业机器公司程序员和讲师乔治·菲舍尔（George Fuechsel）。如果输入的数据本身存在缺陷、无用或没有意义，那么输出的结果也会是有缺陷、无用或没有意义的垃圾。具备数字思维意味着关注和监控输入数据的质量，以防止垃圾数据进入系统。

而且在高度自动化的数据生产过程中，输入垃圾数据可能会导致场面迅速失控。在 2004 年的秋天，印第安纳州波特县的一名员工登录了由评估人员运营和维护的计算机系统，并查询了位于偏远的瓦尔帕莱索市的一处房产的价格。这座房屋占地约 112 平方米，有两间卧室。这个系统会通过一个标准算法将根据县政府官员输入的数值自动调整房屋的评估价格。可能这名员工按错了键或者还有其他原因，总之房屋的评估价格从 12 万美元变成了 4 亿美元。

这个垃圾输入在此时还只能算是小儿科，之后垃圾输出的麻烦和严重程度才真的让人大跌眼镜。一年后，房主收到了一份价值 800 万美元的房产税单。发现这一问题后，房主旋即将其修改为正确的金额，即 1500 美元。可在房主发现这一错误之前，评估人员所在单位已在整个县的房产税收计算时使用了这个数据，计算结果随后又被用于整个县的年度预算编制。而县年度预算会影响 18 个征税区的区预算规划。当这一错误被发现和改正时，这 18 个征税区已经花掉了部分年度预算。但是，他们的预算已然超支，因为高房价代表了更高的应收房产税，可实际上政府并没有收到这么多税款。

县里的公务员只能将 300 多万美元的预支款返还给县里，因为县政府从未拥有过这笔钱！造成的结果就是，瓦尔帕莱索市一些重要的基础设施修复工作不得不被取消，包括街道的重新铺设和人行道的修复。

当你意识到所有数据都是由机器生成，且人们在使用时也会经常接触和重置数据时，你就会明白，收集数据以及访问数据的方式相当重要。在尼克·多尔顿发现他收集的高中篮球运动员的统计数据并不完全准确时，他意识到了这一点。既然数据有问题，那分析模型自然也就失去作用了。

培养洞察力，第一步就是学会在面对数据时了解数据是如何生成的、谁有数据权限以及数据能在多大程度上代表我们想了解的对象。

现如今，越来越多的数据是通过传感器生成的，比如蜚比（Fitbit）手表或者苹果手表可以记录使用者的步数或心率，重型采矿设备的传感器可以记录钻机运行时间或拖拉机轮胎胶皮的厚度。专业体育联赛正在大力投资传感器和摄像头，以收集运动员的细微行为数据。美国职业篮球联赛

（NBA）在所有球馆都安装了多摄像头系统，可以捕捉运动员行动的细微数据。得益于图片和传感器，美国职业篮球联赛不仅可以收集罚球和篮板的数据，还可以记录运动员突破时哪只脚在前以及他们运动速度在比赛中的变化。像肖恩·巴蒂尔这样的球员可以利用这些精细的数据在比赛中创造非凡的价值。

数据也伴随着我们在网络上的行为而产生。我们在网上的行为和活动都会留下数字痕迹，谷歌、亚马逊等公司就会利用这类行为数据来了解我们的浏览模式和购买决策，我们之后会在第6章谈论实验时涉及这些内容。尽管现在的数据收集方式比手动簿记先进得多，但从前簿记员会遇到的差错和误解，在我们现在生成数据时同样会遇到。而且就像印第安纳州的那次事故一样，这些数据更容易遭受意外和黑客攻击。

虽然数据拥有奇妙的力量和无限的可能，但具备数字思维的我们也必须意识到数据容易出错这一特质。了解数据来源和产生方式意味着我们不仅要认识到数据可能存在缺陷或不准确，还要警惕过于相信数据具有“高度事实性”的倾向。数字，尤其是自动生成的长串数字，即使并不真实客观，也会让人轻易相信。我们往往更容易被数据蒙蔽，尤其是当我们不了解数据工作原理的具体细节时。所以我们最好培养强大的数字思维，认识到数据的局限性和易出错性。

破解数据分类和分析的黑盒

学会数据分析并培养数字思维，你就会明白数据只是一种对世界的描述。通过数据的描述我们可以了解事物的特征和趋势，比如哪些员工生产力最高或者对某种产品的需求在什么时候达到峰值。

数据还可用于预测，甚至指导我们的行为，这才是数据更强大、更有用的地方。奥克兰队利用数据来预测球员贡献度，并制定比赛策略来击败其他球队。学校可能会利用所在地的房地产销售数据来预测未来学生的人口情况变化进而规划符合需求的教学服务。数据描述特征和趋势的过程可以说是直观易懂，但数据的预测和指导过程则要复杂得多，通常需要对数据进行分类、操作和计算，而这些都是在背后进行的。对大多数人来说，数据分析就像是一个黑盒。数据从一侧输入，从另一侧输出的则是描述和预测。想要建立数据分析思维，你需要尽可能使这个的黑盒透明化，这样你才能对预测结果有把握。

与经常使用数据分析进行预测和指导的人交谈后，我们发现，要想真正了解黑盒，我们必须知道数据是怎么分类的以及用于判断数据因果分析类型的算法是如何构建的。

大多数人都没有认识到，数据并不独立于数据分类系统之外。数据是有一定政治影响的，因为它是人类思考、测量、存储和公开讨论的产物。杰弗里·鲍克（Geoffrey Bowker）和苏珊·利·斯塔尔（Susan Leigh Star）教授在《整理：归类及后果》（*Sorting Things Out*：*Classification and Its Consequences*）一书中曾提到过日本的例子。公开报道的数据显示，日本是世界上致命心脏病发作率最低的国家之一。很多人认为这一统计数据表明，日本的低脂饮食习惯有利于降低心脏病发作率。不过，一些流行病学家持有不同的看法。他们认为，日本的致死性心脏病发作率如此之低，是因为相当一部分的心脏病发作在日本被归类为中风。鲍克和斯塔尔还提出："心脏病在日本文化中是一种很不体面的死因，它表明患者是因为过度的体力劳动而病倒。所以有些病例即使在美国人眼里是心脏病发作，但在日本仍然被归为中风，毕竟大脑过度劳累这个病因在日本人看来更体面。"如果将部分或所有中风案例都归为致死性心脏病发作，那么日本的心脏病发作率其实并不低，日本饮食对减少心脏病发作的作用也没那么大。数字思维要求我们深思熟虑所用数据的分类方式，具备基本的数据素养需要我们通过正确的提问来确定黑盒内部的具体情况。

先有数据，后有分析

爱因斯坦曾经说过：“能被计算的，不一定重要；重要的事，不一定能被计算。”但在涉及数据分类时，被计算的数据才会起到作用，而没有被计算的通常不会起到作用，但无论是否被计算都会产生相应后果。篮球分析师们一致认为，肖恩・巴蒂尔表现出色的领域并不被传统评价体系承认或重视，这样的球员在整个职业生涯的薪资谈判中都没有优势，因为他们无法提供数据来证明他们对比赛做出的贡献。正如迈克尔・刘易斯所说，肖恩・巴蒂尔这样的人即使可能获得“没有数据的全明星”这种头衔，但这个头衔无法给他带来实质性的好处，因为篮球界目前还是在传统数据体系下运作。与之相反的是，一些得分数据好看的球员就容易签下巨额合同，即使已有分析表明这些数据含金量并没有那么高。换句话说，有些事物的真正价值其实比计算所得的价值更高。这不得不让我们再次开始思考，数据是否永远反映现实。我们总觉得数据本质上就是客观的，但数字思维会帮我们透视黑盒的内部情况，甚至帮我们质疑其客观性。这些例子都在告诉我们，尽管我们在测量和收集行为数据时尽量追求准确，但在对数据进行分类时却始终受社会影响，而社会影响就是主观的。如今，大部分数据分类方案都是由软件开发公司确定的，而不是基于自然规律或客观标准。这种情况也常常引发数据科学家的争议和困扰，奈飞的电影《大人物拿破仑》（*Napoleon Dynamite*）就是现成的例子。

理解分类机制

奈飞以先进的数据分析技术而闻名。如果用户每月只观看一两部电影或电视剧，他们可能就不会选择按月来订阅奈飞，因此奈飞必须提供更多能真正留住用户的内容。这时候就不得不提到早期的机器学习推荐引擎电影匹配（CineMatch）了。电影匹配可以说是奈飞成功留住用户的大功臣，它可以通过分析用户的观影习惯来推荐用户可能会喜欢的其他内容。如果你观看了一部末日动作电影，奈飞会向你推荐其他末日电影、动作电影以及末日动作电影。如果你观看了一部皮克斯（Pixar）的动画电影，奈飞也会向你推荐其他动画电影，以此类推。

电影匹配分析架构的核心是一个分类算法。这个算法将电影分类为不同的类别（如动作片、末日片、动画片、皮克斯电影等），以表示电影的属性。分好类之后会交给机器学习算法处理。这个过程中会使用到一种被称为“奇异值分解”（singular value decomposition）的技术，该技术会分析两部电影共有的特征，再将这些特征与用户评价进行相关性分析。如果有两部电影的分析结果类似且观影者曾经赞过其中一部电影，那么算法就会给他推荐另一部电影。这是一种很强大的技术。还有一种技术叫“协同过滤”（collaborative filtering），即如果你和其他人喜欢同一部电影，那么系统就会给你推荐他们喜欢的其他影视作品。不过比起这种简单的技术，奇异值分解对人们的观影偏好预测更准确。

不过奇异值分解也存在缺陷和弱点。奈飞在 2007 年举办了一场技术竞赛，承诺奖励给能改进现有分类方案，并将电影匹配的预测准确率提高 10% 的个人或团队 100 万美元的奖金。住在匹兹堡郊区的计算机科学家莱恩 · 伯托尼（Len Bertoni）想出了部分解决方案。他认为，如果他能准确地预测观众对《大人物拿破仑》的喜好程度，那么他离获得奖金就近了一大步。《大人物拿破仑》是 2004 年上映的一部电影，在当时得到了部分观众的狂热喜爱，但也同时让很多观众感到厌恶。它在奈飞上有 200 万条影评，但是评分却呈现惊人的两极分化：五星和一星的评分占据大多数，中间的评分却寥寥无几。这是一部独特的电影，传统的分类方式在它身上并不适用，因此电影匹配很难向喜欢这部电影的观众推荐合他们心意的作品。所以伯托尼想找出一个能将《大人物拿破仑》正确分类的算法。

这场竞赛在 2009 年落下帷幕，奈飞现在使用的算法也变得更新、更先进，但分类问题仍然困扰着该公司以及许多其他利用数据进行预测和描述进而影响用户行为的公司。虽然人们还没能解决这一问题，但通过培养数字思维，我们可以清楚地知道：想要窥见黑盒内部，我们需要理解事物的分类机制、选择该机制的原因以及机制失效的情况。理解了分类方案之后，我们将开始学习使用统计学方法在类别和活动之间建立相关关系和因果关系。这个话题我们将放在第 4 章讨论。

提防偏见

偏见和垃圾数据一样，一旦被输入就会在输出中产生偏见。想要避免预测和描述中存在先入为主的数据偏见，对黑盒内部的洞察就显得尤为重要。即使工程师本人构建一个可服务整个社会的算法模型时充满善意，但如果模型的数据集存在大量结构性的不平等现象，那么工程师开发出的算法可能会加剧这种不平等。举个例子，波士顿市曾使用过一款名为“颠簸的街道”（Street Bump）的应用程序来专门解决困扰这座城市已久的坑洼问题。该应用程序会在行驶时记录加速度数据，通过数据分析可以判断车辆是否驶过了一个坑洼。但是拥有智能手机的居民往往属于高收入群体，因此该应用程序里只有关于高档社区里坑洼的记录。当波士顿的新城市工程办公室发现数据存在偏见时，立即做出了相应调整，确保能够关注整个城市的坑洼问题，而不仅仅着眼于高档社区。

在另一个例子中，麻省理工学院媒体实验室的研究员乔伊·布兰维尼（Joy Buolamwini）和当时在斯坦福大学攻读博士学位的蒂姆尼特·盖布鲁（Timnit Gebru）发表了一项名为《性别色调》（*Gender Shades*）的研究，揭示了主要基于白人男性数据开发的人脸识别软件中，存在的性别和种族偏见。比如，在性别识别方面，国际商业机器公司的系统识别深肤色女性比识别浅肤色男性的准确率要低至少 34%。这些发现否定了国际商业机器公司一直以来宣称的准确性，也让人们开始质疑微软和其他公司做出过的类似陈述（见图 3–1）。

萨拉·布雷恩（Sarah Brayne）是得克萨斯大学奥斯汀分校的社会学教授，她花了近十年的时间研究洛杉矶警察局（LAPD）如何使用先进的数据算法来识别犯罪“热点”，即经常发生犯罪的地点，或者预测发生犯罪可能性高的地点，以及识别并监视惯犯。

洛杉矶战略拘捕和秩序恢复行动（或“LASER 行动”）创建了一份“惯犯公告”，这是一个不断更新的社区居民监控名单，其中包括所谓的“关注对象”。共有 16 个分局参与了这个项目，每个分局都必须维护更新至少十几个这样的公告，这些公告可以帮助警察识别特定地理区域内活动最频繁的暴力惯犯。这个办法不管是看起来还是听起来都既有用又合理。

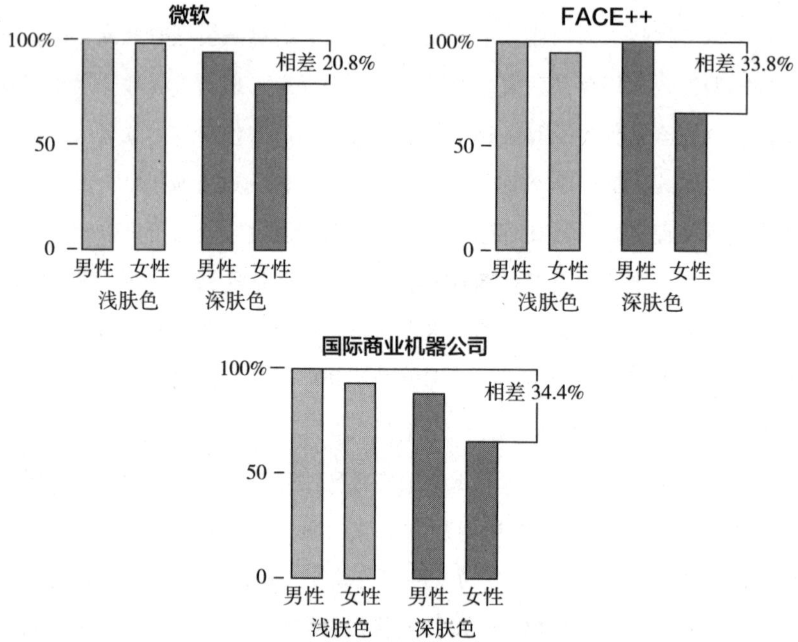

图 3–1 人脸识别软件中的性别偏见

资料来源：Data from J. Buolamwini and T. Gebru, “Gender Shades: Intersectional Accuracy Disparities in Commercial Gender Classification, ” in Conference on Fairness, Accountability and Transparency, PMLR (January 2018): 77 – 91.

这个识别过程分为两个阶段。在初始筛选阶段，犯罪情报分析师会主观判断某个人的警方记录（如逮捕报告和现场审讯卡）的“相关性”有没有高到可以进入“调查”阶段。人为偏见从这时就已经开始影响所谓的数据客观性了，毕竟不同的犯罪分析师对相关性的主观判断也是不同的。第二阶段，也就是调查阶段，会用到帕兰提尔数据分析公司（Palantir）提供的软件。该软件可以从多个来源获取指定人员的犯罪记录、势力背景和他们的社交媒体网络等数据，并通过这些数据得出一个“惯犯评分”。布雷恩发现，当算法预测某个低收入地区的犯罪率较高时，它会指示警官前往该地区展开执法。如此一来，算法在低收入地区收集的数据就会多于高收入地区的数据，进而导致模型在未来会再次将警察引往低收入地区。

数据由此引发了推导过程的循环。警察出现在低收入社区会导致该社区的执法数据变多，警察就需要走访更多低收入人员，有关警方记录的数量也会随之增加，而这些记录又很可能会反映到“惯犯评分”上。受经济形势影响，这个问题变得更加严峻。由于财政紧缩，警察为了高效利用有限的资源，只能选择性地在城市里部署 LASER 计划。为了节省资金，洛杉矶警察局从未在犯罪率低的洛杉矶富人区采取过 LASER 行动。这意味着和低收入社区的居民不同，富人区的居民很少和警察打交道，所以也不怎么出现在洛杉矶警察局的观察名单上，更不用说有“惯犯评分”了。而这个恶性循环仍在继续。

布雷恩的研究结果明确表示，数据分析的主观性容易受到人类偏见的影响。但由于数据分析十分复杂且步骤繁多，人们也很难察觉到偏见的存在。若想同布雷恩一样具备数字思维，我们需要耐心深挖数据分析中的细节，并且认识到偏见及其难以预料的后果会对结论产生的负面影响。

机器学习也会延续人类偏见。该部门还采用了一个名为“犯罪预测”（PredPol）的数据分析服务，它使用的算法类似于脸书以及亚马逊的广告投放算法。这个数学模型需要输入三个变量：犯罪地点、犯罪时间和犯罪类型。该模型可用于计算周围 150 平方米之内的犯罪热点。理论上来说，特定类型的犯罪在这些地方的发生概率更高，所以巡警可以结合这些热点来规划日常巡逻路线。

数据收集和分析中的偏见会对预测产生重大影响，这表明像“犯罪预测”这样的技术可能会加深警务模式和做法中的种族歧视。为了测试这种偏见，研究人员威廉·艾萨克（William Isaac）和克里斯蒂安·卢姆（Kristian Lum）使用了来自“犯罪预测”软件公开发布的奥克兰市2010年犯罪数据报告来预测2011年的犯罪发生地点。然后，他们将预测与奥克兰市实际发生的情况进行了比较。如果数据不存在偏见，那么得到的结果应该相差不大。但实际上，“犯罪预测”软件的报告将警察引到了西奥克兰这样的黑人社区，可这里并不是真正发生毒品犯罪的地方。

研究人员还比较了“犯罪预测”报告中的地图与奥克兰警方逮捕涉毒罪犯的地图，并发现这两个地图的相似度非常高。无论犯罪地点实际在哪里，黑人占比大的社区的涉毒逮捕数量约为其他社区的两百倍。换句话说，奥克兰的警方正在按照“犯罪预测”地图对黑人社区采取过度执法，而不是把注意力集中在毒品犯罪发生地。卢姆在一次采访中表示：“不难看出，他们得出的毒品犯罪地点和毒品犯罪实际发生的地点并不相同。毒品犯罪其实无处不在，但警察只在他们选择调查的地方查了出来。”

如你所见，数据阅读和使用中的偏见可能产生巨大的社会和政治影响。如果要求警方认真审视“犯罪预测”的分析模型和实际涉毒地点之间的差异，警务工作会因此发生改变吗？也许会有改变，但这种改变需要一种成熟的数字思维，这种思维能够理解偏见对数据生成的影响，以及基于偏见产生的数据所带来的后果。

将数据可视化与受众需求相匹配

在美国，每个人口超过五万的城市都必须建立都市规划组织（MPO）。

该组织经由市政府批准，负责制定综合区域规划。这些规划虽然没有法律约束力，但却是交通和土地利用的区域治理指南。

我们曾与两个不同的都市规划组织合作了两年多，它们分别是“海滨”城市和“山地”城市。这两个地区都在采用数据和模拟模型进行预测，以支持其区域规划。它们采用的都是基于算法的新技术——城市模拟器（UrbanSim）。

城市模拟器由加州大学伯克利分校的教授保罗·沃德尔（Paul Waddell）及其同事开发，旨在通过尽可能透明的分析模型对政策的影响进行预测，从而避免城市规划中常见的担忧，即“黑盒”模型过于复杂，无法向决策者或公众解释其逻辑。通过比较这两个地区，我们可以明确知道的一点是：数据本身并不会说话。分析结果的呈现方式至关重要。如果你不能以适当的方式呈现这些结果，人们可能不会认可，也不愿意在决策过程中付出信任或对这些数据加以使用。这也是具有数字思维的人必须认识到的。

海滨城市的规划者向社区展示了城市模拟器的 3D 可视化技术，城市模拟器也成了他们讨论的主要关注点。点击几个按钮后，模拟社区就全方位地展现在大家眼前，细致到社区中的每个建筑物都清晰可见。人们甚至可以观察到社区随时间而变化。可视化使观看者身临其境。展示过程中，社区成员常常会在观看 3D 动画时发出“我知道那条街”或“那是我的小区”这样的惊呼。其中一位社区成员在看完这个模型的动态演示后说道：“这些变化太惊人了，而且你甚至可以亲眼看见变化的产生。我就好像在现场一样。我对这些改进感到迫不及待。我相信它们会让这座城市变得更好。”城市模拟器动画丰富的视觉效果使观众沉浸其中（见图 3-2）。对许多观众来说，该模型代表的不仅仅是可能发生的未来（前提是采取正确的政策并且模型的假设准确），而更像是马上就会实现的未来。虽然在这种情况下，人们只是在对视觉效果作出反应，他们并没有意识到这只是数据的一种呈现方式，但这也再次证明了我们总是相信数据所呈现的事物是真实存在的。只要数据的展现方式有说服力，我们就会相信它们的真实性。

图 3–2　海滨城市的做法：城市模拟器生成的三维动画模型截图

资料来源：Courtesy of UrbanSim，https://urbansim.com.

通过精美细节与 3D 感官体验的结合，观众完全沉浸在投影中，并产生身体和情感上的共鸣。当画面看起来没那么拥挤（也就是“和曼哈顿正好相反”）时，他们会感到很放松，但是当他们讨厌的摩天大楼出现时，就会产生负面情绪。规划者反复向我们诉说控制参会人员情绪波动时所遇到的困难。高层建筑被一些反密集人士称为“堆栈式住房”，模拟的高层建筑引起了一些利益相关者的身体不适。来自社会各行各业的愤怒的人群都在征求公众意见期间争相表示对学校拥挤、交通堵塞和水资源枯竭的担忧和不满。

山地城市的规划者则没有选择制作 3D 动画。参加展示会的人只能看到各类表格和图形，比如图 3–3。一位交通模型师在向我们描述他的工作时说：“我接触的主要都是表格和图形。虽然我喜欢表格和图形，但不得不说 90%~95% 的工作都很单调，我只能看数不清的电子表格，管理内容，整理数据。”

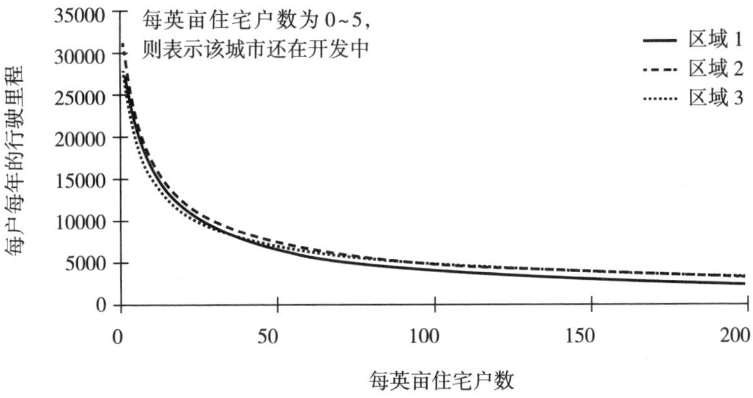

图 3–3　山地城市的做法：基于城市模拟器模型的数据生成的图表

资料来源：UrbanSim，https://urbansim.com.

虽然山地城市的规划者在人际交往方面非常出色，但他们使用的表格和图形并不如 3D 可视化那般丰富多彩、引人入胜和逻辑清晰。正如一个社区组织成员所说："规划者已经尽力了，但我还是容易走神。毕竟那些数字看起来就很无聊。"规划者也明白社区成员有这种情绪。艾莉森（Alison）是山地城市的规划者之一，她提到表格和图形本质上就是有局限性的，因为它们不如其他视觉元素那样直观。此外，当规划者使用表格和图形来展示某个大家关注的问题时（例如图 3–2 所示的住房密度与驾车行驶里程之间的关系），可能会人为地将许多实际上相互联系的问题隔离开来，而观看者只能靠自己来整合多种数据。这个过程中通常会遇到很多困难。一位社区成员指出："当看到这么多不同的图表时，我真的理不清它们之间的关联，我也看不出来接下来会如何进展。"与海滨城市不同，山地城市的民众看不到城市模拟器模拟的未来社区。

根据刚才的描述，你可能认为，海滨城市的 3D 模型肯定比山地城市的图表更成功，毕竟该地区的民众参与度更高。但是根据我们的调查，结果却恰恰相反。尽管海滨城市的成员参与度很高，但规划者认为他们关注的问题没什么用。模型所提供的极致细节和沉浸式体验让人们把注意力都集中在非常具体的问题上，而不是需要公众意见和反思的宏观问题。相比之下，由于山地城市的模型没有那么多细节，也无法让人沉浸其中，社区成员很难对模型中的具体内容发表意见和评价，因此他们的讨论更加抽象，并且他们会就整体计划及目标提出更加宏观的问题。

有关心理学中的“构念水平”（construal levels）的研究解释了这种反差产生和持续存在的原因。如果与某个事物存在很远的心理距离，人们就会站在宏观的角度进行抽象的思考；如果与这个事物的心理距离很近，他们就会站在更微观的角度进行更具体的思考，即使在面对虚构的事件时也是如此。南加州大学教授谢里尔·瓦克斯拉克（Cheryl Wakslak）及其同事通过研究发现，让人们思考如何为即将到来的露营旅行做准备时，如果告诉他们这次旅行很有可能实现，他们会把要准备的物品分得很细，但是如果告诉他们露营旅行不太可能实现，他们对物品的分类则要抽象得多。海滨城市的居民对于可能发生的事情有很近的心理距离。毕竟他们目睹并体验到了未来的改变，自然更相信这一切会发生。尽管这场展示会最初的目的其实是进行一些宏大的讨论，但海滨城市的居民们却一直沉浸在自己想象的细枝末节中。相比之下，即使面对人口密度这样的宏大议题，山地城市的居民也能够随心所欲地作出设想。因为他们看不见未来的具体情况，所以他们对这些存在于假设中的改变有着更远的心理距离，认为这些对未来的预测不一定会成真，也因此能够进行更抽象的讨论。

也就是说，数据越多或者越详细也不一定是件好事。这样的数据可能会引发无用的讨论，还会分散对重要信息的注意力，这也是培养数字思维的关键。随着技术的进步，像海滨城市规划者那样收集和展示大量细节丰富的数据是一件轻而易举的事情，所以认识到这一点尤为重要。

纽约大学的管理学学者巴蒂亚·维森菲尔德（Batia Wiesenfeld）教授及其同事作出了进一步的推测，他们认为从抽象表征（即山地城市规划者的选择）到具体表征（即海滨城市规划者的选择）的转变可能比从具体到抽象更容易。也就是说，如果你最初呈现数据的形式不够让人沉浸，那你可能需要采取措施将抽象的展示逐渐转换为沉浸式的体验，从而加强观众的参与感，让他们进行更具体的反馈和讨论。

虽然数据看起来微不足道，但是从你思考数据开始，你就已经迈出了培养数字思维的重要一步。数据只是我们存储在计算机里的一串数字吗?当然不是。数据是人为创造的产物。一旦你认识到这一点，它的好处和隐患在你面前都将无处遁形。你能够以批判的眼光看待数据，而不会盲目相信它们的真实性，也不会仅仅因为它是数字就认为一定准确。

现在你已经做好进入下一个章节的准备了，接下来我们将要思考数据背后的数学 —— 统计学。

完成 30% 目标
构建事实

数据几乎渗透了我们生活的方方面面。理解数据分析的基本原则是培养数字思维的关键：

- 数据是人为创造的，由我们主动进行采集和分类。
- 输入数据时产生的错误可能会带来你意想不到的后果，哪怕很小的失误都可能会导致巨大的失败。
- 数据分类受社会影响。分类上的偏差可能导致曲解或者错误的决策，所以在进行数据集分类时需要认真斟酌。
- 虽然一些影响力很大的分类机制会使用复杂的算法（例如奈飞使用的奇异值分解）来预测行为，但这并不代表分类结果完全准确。这也是数据科学家们的研究重点。

- 想要做到用批判的眼光分析数据，我们要意识到人类存在偏见，人类给机器学习提供的数据里自然也存在偏见，这一认识可能会颠覆我们对真实和准确的理解。无论是种族偏见还是其他偏见，数据都只会老老实实地反映出来，而不会去纠正这些偏见。这也是数字思维的一部分。
- 数据无法自我说明。只有当你讲述从数据中得到的发现的时候，数据才会产生意义和关联。
- 由于科技的进步，我们可以通过各种方式来向他人共享数据，因此你要考虑在不同情况下应该提供的数据量以及提供的方式。观众对数据的不同呈现方式会产生不同的情绪反应，所以你要学会根据不同观众来选择数据的展现形式。

通过培养各个方面的数字思维，你可以更好地应对数据的主观性，并避开常见的思维误区（即相信数据本身具有客观的事实性）。

第 4 章

醉汉与路灯

是时候学点统计学了

假设通往成功的钥匙就藏在你面前的这堆数据中，只需要你向数据提出正确的问题、读懂数据所给的回应，即可解锁成功。

培养数字思维意味着以数据为武器向着你的目标前进，训练对数据中所蕴含的模式、规律的感知能力，并使其为你所用。获取数据从来都不是问题，我们目前拥有的数据浩如烟海，远超前人的想象。解读数据并从中得出结论的能力才是我们真正需要培养的。毕竟你肯定希望数据能够帮助你制定明智的决策和战略。

这个过程常常需要用到统计学。即使你本人不需要上手分析，你也应了解统计分析是怎么做的，这样才能为你的团队提供指导，让团队挖掘出工作中需要的正确信息。我们将在本章分享统计学中最基础的一些计算知识，帮助你精进数字思维。

很多人都曾为了一己私欲篡改数据，所以统计学在历史上可谓是声名狼藉。苏格兰小说家和民俗学家安德鲁·兰（Andrew Lang）的一句名言很好地揭示了统计学推理的潜在危害:“有的人虽然在做统计分析，但却好像是醉汉抱着路灯一样，是用来支撑平衡防止摔倒而不是为了照明。”当然，拥有数字思维的人不会如此本末倒置。数字确实可以被扭曲或误读，从而导致错误的结论，或者被用来支撑不成立的论点，而这正是你需要对统计学有基本了解的原因——你需要具备察觉数据中失真和谬误的能力。你不必成为专业的统计学家，但统计分析可以成为一件强大的武器，帮助你处理大量的数据，厘清混乱的情况。如果你对统计学的印象是难以理解、十分枯燥甚至令人生畏，那么你完全不必为此担心。统计学只是一种用于分析数值或数量的数学工具。明白不同情况下使用哪种统计学，能够帮你一瞥事物的本质。说不定你还会发现它的有趣之处。

无论你是否学习统计分析，利用统计培养数字思维的一个关键前提是，你必须像数据侦探一样思考。优秀的侦探懂得如何抛出那些对破案有用的问题。他们还会观察目所能及的一切，不放过任何蛛丝马迹。有些时候为了从假设中推导出结论，你需要收集某类数据。另一些时候则恰恰相反，你需要从数据出发，逆向推导出一个合理的假设。

为了完成 30% 的学习目标，我们先来了解两类统计学：描述性统计和推断统计。

描述性统计：数据背后的规律是什么

假设你创办了一家流媒体平台，此时你要如何了解你的用户使用情况呢？你可能会第一时间想到收集关于客户使用偏好的数据，比如登陆时间和使用时长。这些信息可以衡量你的服务质量，瑞典的音频流媒体和媒体服务商声破天就是这么做的。但只有用上统计学，声破天才得以回答“客户用得怎么样”这样的问题。例如，每个月的使用情况是增加了还是减少了，增减幅度是多少？与去年相比有何不同？声破天通过统计学发现，它的用户在 2017 年平均每月播放 630 个音频（相比 2015 年的 438 个有所增加）。2019 年，每位用户带来的平均收益（ARPU）为 5.32 美元（相比 2018 年的 5.51 美元有所下降）。为了获取这些信息，声破天需要进行描述性统计。

描述性统计用于总结一个数据集的特征，对数据起描述作用。

一旦你找出了原始数据背后的规律，就可以用描述性统计将其展示成有用的形式。你应该在组织绩效评估时见过描述性统计，毕竟这是描述性统计常见的应用场景。从销售到人力资源，企业各个部门的关键绩效指标（KPI）都属于描述性统计的应用。

亚马逊通过描述性统计来分析客户人群的人口特征，并将结果与全美国人口的平均水平进行比较，以确定平均用户年龄和用户收入。由此它可以搭建一个典型用户的画像，并不断观察这一画像的迁移及其与其他人群的异同。2019 年 11 月的一份报告显示，亚马逊的美国客户的平均年龄偏小且收入低于全美国消费者的平均水平。

通过描述性地统计与分析客户的过往行为数据，声破天和亚马逊得以更深地了解特征和需求。这些数据可以帮助它们作出各种业务计划和决策。

描述性统计的关键在于明确哪些数据关乎问题的解决。你可以创建和分析大量的数据，且其中很多可能看起来对你多少有点用。为了找出哪些数据具有统计价值，声破天等公司采用汇总统计以聚焦在数据集的两个特征上：集中趋势和离散程度。我们接下来将逐一了解。

集中趋势

集中趋势描述了数据集里的数值通常分布的位置。最常见的集中趋势是均值，即数据集的平均值（将每个数据值相加，然后除以数量）。其他集中趋势还包括中位数（大小最居中的一个数据点的值）和众数（数据集中出现次数最多的值）。在上述例子中，声破天和亚马逊都分析了集中趋势统计量。例如，亚马逊会查看一段时间内的平均购买次数（平均值），而声破天则会关注收听人数最多的音乐类型（众数）。

离散程度

离散程度用于分析数据的分布情况。离散程度可以简单地通过数据的极差（最大值与最小值之间的差）来表示。更复杂的还有方差（每个数据值与平均值之间差值的平方和，再除以数量）和标准差（数据相对于平均值的离散程度）。

现在假设你想了解员工的工作参与度。根据 2018 年的盖洛普民意调查（Gallup poll），员工的投入度、热情度和对工作的付出被定义为工作参与度。他们发现在过去的 20 年里，从离散程度来看，每年全身心投入工作的美国工人的百分比从最低年份的 26% 到 2018 年最高的 34% 不等；从集中趋势来看，平均值为 30%。最后，他们通过这些统计数据表明员工的高投入度与业务的高绩效相关联。

在培养有关统计学的数字思维时，我们需要记住，描述性统计是用于寻找数据背后规律的方法之一。同样的数据可以用来回答许多不同的问题，取决于你想知道什么。例如，声破天可以使用这些数据来描述总下载次数最多的歌曲，也可以比较不同季节哪首歌曲的下载次数最多。通过对相同的一套数据进行不同的分析，亚马逊既可以描述其客户的收入范围，还可以与地理分布数据相结合，找出客户分布最多的地区。总之，有限的数据中蕴藏着无限的可能。

推断统计：从数据中能推导出什么结论

描述性统计用于归纳已被收集的数据背后的规律，推断统计则可以通过检查数据全集中的一个较小子集（也就是样本集）来反映和推断出全集的特点。例如，盖洛普在做关于工作投入度的民意调查时，只询问了所有美国工人中的一小部分人的感受，然后根据这些回答推断出普适的结论。

想让一个人口小样本有效地代表更广泛的人口，样本中的人必须是随机选择的，也就是要在不设任何标准的前提下从所有样本中随机抽选。例如，你可以在商场随机挑选500人，并询问他们是否喜欢在苹果专卖店购物。如果有250人回答“是”，另外250人回答“否”，那么你就可以推断：在所有商场的顾客中，有50%的人喜欢在苹果专卖店购物。

有了推断统计，即使无法收集每个调查对象的数据，你也可以得出结论并进行预测。美国政府雇员保险公司（GEICO）想要确定潜在客户的风险水平。该公司网站的风险计算器首先会询问用户的婚姻状况。这是因为已婚人士驾车的风险较低，所以他们的保费也更低。不过政府雇员保险公司是如何得出这个结论的呢？他们也是基于推断统计——根据现有数据显示，已婚人士整体来说比未婚人士发生事故的数量更少。政府雇员保险公司利用样本集来推断这个结论适用于所有人。

一个卖家要如何预测消费者购买产品的可能性呢？这时候就需要推断统计。以初创公司安泊实验室（Embr Labs）为例，该公司开创了一种可以戴在手腕上的体温调节设备。这款产品的需求最初是基于加州大学伯克利分校的一项研究的统计数据，该研究分析了人体舒适度与室内温度之间的关系。通过统计该研究的样本数据，安泊推断出，很多消费者都想购买可以调节体温的产品，人数远多于加州大学伯克利分校的研究对象。

我们每天都会作出很多推断。如果已知预报说会下雨，我们就推断出门时需要带伞。想要利用数字化的观察来培养数字思维，我们就要对这种本能的思考方式进行调整。理论上说，主要有两种方法可以帮助我们从样本中得出推论：置信区间和假设检验。

置信区间：我的推断有多可靠

你当然可以说，因为有30%的人在调查中说他们在工作中很投入，所以所有工人里的 30% 在工作中都很投入。但你真的确定他们说的话能代表所有人吗?

此时置信区间就有了用武之地。它可以用于评估推断统计的可靠性,在市场调查、风险评估或预算预测中经常会用到它。选举预测是对选民进行抽样调查后得出的结果,并且附带有置信区间,这是在政治中常见的推断统计的例子。

或者你也可以认为,置信区间描述了总体中某个概括性统计量(例如平均值)在一段数值中的可信度。如果你确信你的推断能够代表更广泛的人群,那么你就会得到一个 100% 的置信区间。相反,如果你认为你的推断完全错了,你就会得到一个 0% 的置信区间。而 50% 的置信区间则意味着你的推断只能说是一个猜想。

不过在实际中,你并不会见到上面这几种置信区间。最常用的置信区间其实是“95% 置信区间”,这个区间在精确性和可靠性之间达到了一个绝佳的平衡。99% 的置信区间虽然意味着可靠性更高,但它必然代表着取值范围更大,因此并不实用。

举个例子,MBA 学生的平均年龄在 8 岁到 80 岁之间这个结论有 99% 的置信水平,但这个结论的实际意义却相当有限。或者,MBA 学生的平均年龄在 27 岁到 30 岁之间这个结论有 90% 的置信水平,但是由于年龄范围过于狭窄,所以这个结论的准确性存疑。实际上,还可能有 25 岁、32 岁或 35 岁的学生。置信区间的范围取决于数据集的方差。数据集的方差越大(比如假设 MBA 学生人口年龄从 8 岁到 80 岁不等),我们对总体的推断就越会受到限制,置信区间的取值范围也更宽。而方差过低也会限制我们进行有效推断。

以麦肯锡公司对多元化(即公司进入新行业)的商业价值的研究为例。该研究从超过 4500 家公司的样本中发现,相比于进入发达市场的多元化,进入新兴市场的多元化会让公司的价值总体来说更高。不过这时候我们需要注意这两个推断的置信区间。在发达市场中,多元化虽然导致公司价值平均下降0.2%，但是它的95%置信区间的范围相对较窄。而在新兴市场中，多元化虽然导致公司价值平均增加3.6%，可是它的95%置信区间则宽得多。换句话说，该研究更相信，进入发达市场的多元化会导致公司价值略有下降（0.2%）的这一推断适用于全球所有公司。但对于进入新兴市场的多元化会导致公司价值产生较大增长（3.6%）的推断则相对存疑。

在使用数字思维所赋予你的统计洞见时，更重要的是理解用于表达数字之间不同关系的术语，而不是死记百分比或具体数字。通过掌握这些术语，你将能够更好地评估统计结论的可靠性，并判断从样本中得出的结论是否值得怀疑。

假设检验：如何比较统计证据

拥有基于数据洞察的数字思维，意味着你可以通过比较两个或更多个统计学证据来抛出问题。顾客一般在冬天还是夏天购买你的产品？男女员工数量相等的团队是否比男女员工数量不等的团队表现更好？用统计学回答这类问题，需要采取一种统计学专用的方法，即假设检验。假设检验的基本形式是比较一个或多个数据集的两个概括性统计量（或参数）。检验始于所谓的零假设，零假设通常比较保守，一般假设我们想要验证的差异不存在。然后再提出一个对应的备择假设，如果有足够的统计学证据来支持备择假设，零假设就会被推翻，备择假设成立。但是如果没有足够的统计学证据，我们将继续保持零假设。

现在我们针对哈佛 MBA 学生的实际平均年龄创建一个假设检验，样本集包含 30 名学生的样本数据。假设样本集的平均年龄为 26 岁，而你在网上看到一篇文章，文章中声称顶尖商学院 MBA 学生的平均年龄是 28 岁。这是否意味着哈佛所有 MBA 学生的平均年龄与顶尖商学院所有 MBA 学生的平均年龄不符？并不一定。毕竟，样本集只代表了哈佛 MBA 学生的一部分，并不代表哈佛所有 MBA 学生的真实平均年龄就是 26 岁。

的确，正如网上的统计数据所示，整个 MBA 学生群体的平均年龄实际上很可能是 28 岁。因为这个结果来自一个更大的样本集（多个 MBA 项目的学生，而不仅仅是 30 名哈佛 MBA 学生），所以让我们将 28 岁作为基准假设进行测试。假设检验可以评估以下两种情况的可能性：一种情况是 30 名 MBA 学生的平均年龄为 28 岁，另一种情况是他们的平均年龄不是 28 岁，比如你的样本集得出的结论是 26 岁。

首先，我们需要制定一个零假设：哈佛 MBA 学生的平均年龄是 28 岁。然后提出备择假设：哈佛 MBA 学生的平均年龄不是 28 岁。接下来需要计算在假设检验为真的情况下，样本集的平均年龄为 26 岁的概率。换句话说，现在你要知道，如果所有哈佛 MBA 学生的平均年龄实际上是 28 岁，那么你选取的 30 名哈佛 MBA 学生的平均年龄为 26 岁的概率有多大。如果该概率非常低，那么你可以拒绝零假设，支持备择假设。比如，如果整个学生群体平均年龄实际为 28 岁，在你的样本中观察到平均年龄为 26 岁的概率只有 2%，这个结果对于支持你的备择假设相当有说服力。根据统计学的分析，你可以得出结论，哈佛 MBA 的平均年龄很可能是 28 岁，与网站调查的更大样本集的结果一致。再次强调，假设检验作为统计分析工具，有自己特定的步骤和规则。通过这种方法对数据进行分析也是培养数字思维的一部分。

A/B 测试是假设检验的经典应用之一，常用于营销和产品研发，尤其是 App 和网站这样的数字化产品，有关的详细内容我们将在第 6 章进行讨论。A/B 测试通过比较某产品的两种版本（A 和 B）的用户反馈来确定哪个版本更有效。在标准的 A/B 测试中，零假设为：版本 A 和 B 的使用率相同。备择假设为：版本 B（新版本）吸引的用户比版本 A（当前版本）更多。然后计算在零假设成立的前提下观察到版本 B 的使用概率。现在我们来看看两个将 A/B 测试用于产品营销的成功案例。

艺电（Electronic Arts，EA）是世界上最大的电子游戏公司之一。它开发的《模拟城市》(*SimCity*)系列游戏可以让玩家从零开始建造城市。在2013年发布《模拟城市5》时，EA公司使用了A/B测试来设计在线营销活动。如果用户想要购买《模拟城市5》，A活动方案将在他们未来购买EA游戏时提供八折优惠。B活动方案没有折扣，但允许用户预订《模拟城市5》。令人惊讶的是，没有折扣的B活动表现竟然比A活动高40%。A/B测试显示，与备择假设相反，没有折扣作为激励的活动比打折活动表现得更好。EA公司发现，大多数玩家并不像预期的那样对其他游戏感兴趣。相反，他们中的大多数是专门为了《模拟城市》系列而来。所以零假设仍然成立。在这个案例中，执行测试的人员在比较用户A/B方案的反馈时具备数字思维。营销人员在使用A/B测试结果来制定销售策略时也具备数字思维。

赫布斯波特(HubSpot)是一家软件开发公司，专门开发营销、销售和客户服务类软件产品，这家公司使用A/B测试来确定网页顶部搜索栏的最佳设计。参与测试的搜索栏版本有三个：A、B和C。在A版本中，搜索栏会显示“按主题搜索”，搜索范围包括整个赫布斯波特网站；B版本也可以“按主题搜索”，但搜索范围只限于本篇博客内；C版本将“按主题搜索”改为“搜索博客”，并仅提供博客的结果。测试结果显示，C版本的使用率最高。

在《模拟城市》和赫布斯波特公司的例子中，这两个公司所收集和分析的数据都在帮助它们作出最佳决策。EA公司可以得出的结论是，当《模拟城市》新版本上市时，承诺未来给用户提供游戏折扣的效果并不好。赫布斯波特公司可以得出结论的是，搜索栏里显示“搜索博客”会比其他两个版本使用率更高。如果你在研究这两个案例，你可能想知道在什么样的数值差异范围内，你才会拒绝或接受零假设或备择假设。这时你必须要了解p值的概念。p值指的是在假设零假设为真的情况下，观察到样本中这样的统计数据的概率。p值越小，越能有力地支持备择假设。显著性水平是用来判断是否拒绝零假设的阈值。常见的显著性水平是0.05，如果p值低于0.05，则拒绝零假设，支持备择假设；如果p值高于0.05，则拒绝备择假设，保留零假设。

出错的可能性

在统计推断中出错的概率是多少呢？拉里·戈尼克（Larry Gonick）和伍尔科特·史密斯（Woolcott Smith）对此的描述很有意思。没有人敢说自己“有 100% 的信心”认为某个样本可以在各个维度代表全人类，因为任何人都需要承认他可能犯错。戈尼克和史密斯用烟雾报警器来比喻在假设检验和显著性检验中常见的两类错误。它们分别是：第一类错误，即误报警（或假阳性）；第二类错误，即有火不报（假阴性）。“每个厨师都知道只要取出烟雾报警器的电池就可以避免第一类错误。可他们不知道的是，这样做会导致第二类错误增加！同样，提高报警器灵敏度来减少第二类错误的同时也增加了误报警的数量。”

第一类错误：误报警

第一类错误是拒绝实际为真的零假设。我们依然用 EA 公司的游戏《模拟城市》的销售案例来进行说明。根据可用的数据，B 活动看起来更有效，而且会带来更多的收入。但是如果这些数据根本不准确，而实际上 A 活动才是更好的选择，那么选择 B 活动就会导致 EA 失去潜在的销售收入。想要降低犯第一类错误的概率，我们可以选择调低检验的显著性水平（比如降低到 0.01），这样拒绝零假设的要求就会更高。但是这种谨慎的方法会增加第二类错误的发生。

第二类错误：有火不报

第二类错误是当备择假设为真时未能拒绝零假设。举个例子，假设赫布斯波特公司对其博客页面的搜索栏进行的 A/B 测试得出的结论错误，即搜索栏的原始设计才是使用率最高的。那么这个错误的结论会阻止赫布斯波特公司采用新的搜索栏，尽管实际上新搜索栏的使用率更高。为了减少这种错误发生，我们可以调高检验的显著性水平（比如提高到 0.10），使拒绝零假设变得更容易。但是这种方法会增加发生第一类错误的概率，我们使用的数据也可能会变得没有意义或具有误导性。关于这些错误的详细情况，请参考表 4–1。

表 4–1　四种假设情境

	接受零假设（无火灾）	拒绝零假设，支持备择假设（有火灾）
零假设为真	决策正确	第一类错误
备择假设为真	第二类错误	决策正确

无论在推理或数值计算中，出错的概率都永远存在，重要的是我们在明知可能出错的情况下，依然要勇于作出决策。马克·吐温（Mark Twain）曾经说过："世上有三种谎言：普通的谎言、特殊的谎言，以及统计学。"这句话用在这里再合适不过。具备数字思维意味着我们必须认识到，数字不会说谎，但解释数字的人可能会出错。希望统计分析有百分之百的正确率，这样的想法才是真正的错误。在进行决策时你要明白，每种错误类型的发生概率都受到显著性水平的相对影响。显著性水平调高会增加第一类错误发生的可能性，显著性水平调低又会增加第二类错误发生的可能性。

使用回归预测结果

拥有一套具备统计学知识的数字思维，要求我们对预测模型有大体上的了解，即使用统计模型预测结果。一种常被用于预测的模型就是线性回归模型。

你不需要亲自测试这个回归模型，只需要理解它的工作原理和应用情境就够了。目前为止你只需要记住，回归分析主要分析的是两个或多个变量或因子之间相互关联的关系。它是进行预测分析必不可少的工具，用于预测潜在结果、机会和风险。除此之外，回归分析也可用于提高运营效率，从产品研发到招聘都会用到回归分析。

举个例子，麦肯锡想要研究一个组织的人口学多样性是否会影响其财务表现。这里的人口学多样性指的是“在大型公司的领导层中，女性占比更高，民族 / 种族构成更加多元化”。该研究收集了数百家组织的财务数据和成千上万名高管和领导层人口学统计数据，用于搭建这个模型。研究人员用 Y 轴来表示每个组织的财务数据，用 X 轴来表示领导层人口学多样性，试图验证是否 X 值（公司的多样性程度）越高，Y 值（公司表现）也相应越高。根据该模型，领导层的多样性与财务绩效之间的确为正相关关系，即领导层多样化程度更高的组织具有更好的财务业绩。XY 轴坐标图上的点呈现是向上和向右的趋势，表示随着多样性的增加，绩效也会随之增加。

线性回归在预测未来产品销量和需求方面作用显著。例如，销售经理如果能在产品需求与客户的年薪之间建立联系，那么就可以根据某个消费者的薪资水来预测他对产品的需要程度。薪资低于一定水平的客户可能不会购买该产品。另外，产品价格过高可能导致客户需求降低。

如果另一位销售经理对儿童衬衫感兴趣，线性回归也可以帮他确定儿童衬衫的实际价格与销售年份之间的关系，用以预测未来的价格。供应、需求以及供需与价格的关系，这些概念理解起来都很容易，而且人们早在计算机出现之前就对它们有了认知。但是通过培养数字思维，你可以更好地利用算力和大型数据集来运行线性回归模型，从而提高预测的准确性和精细程度。

回归分析对于改善组织各个业务流程也很关键，涵盖了从运营到人力资源的各个方面。比如，产品开发人员可能会使用回归模型来确定团队中软件开发人员数量与产品有效性之间的关系。他们需要考虑：是否存在最佳团队人数？软件开发人员人数达到多少才算过多？低于多少才算过少？

为了找到答案，需要将团队成员数量放在一条轴上，将产品效果放在另一条轴上，并寻找两者之间的关系。该模型将帮助开发人员最大化团队的产出。再比如，招聘经理可能会使用回归模型来探索求职者背景与岗位的胜任能力之间的关系。该模型将有助于经理筛选出合适的候选人进入之后的面试。

请记住，在选择 X 轴和 Y 轴的变量时，你需要考虑到这些变量的合理性。举个例子，如果你通过回归模型得出：最佳员工的名字（英文）都以字母 S 开头，这样的结论对未来筛选求职者是没有意义的。即使现实情况的确如此，但这是随机发生的，并不能帮你预测未来的情况。归根结底，你提出的问题以及你想知道的答案才是最关键的。当利用数字思维时，重要的是理解数字所传达的信息，而不仅仅是计算数字本身。

回归中的 p 值

刚刚提到的麦肯锡多样性研究所采用的样本集包括 366 家公司。分析显示，公司的人员多样性与财务绩效之间存在统计学上的显著关系。对于这 366 家公司的高管团队，研究预测，当性别多样性指标增加 10% 时，EBIT（息税前利润）利润率预计将增加 1.6%。p 值为 0.01 意味着，如果两者实际上没有关系，那么观察到类似系数或关系强度的概率只有 1%。换句话说，当你得到这个结果的时候，有 99% 的把握可以说人员多样性与财务绩效提升相关。当相同的模型被用于研究董事会多样性（而不是高管团队）时，人们发现这两个变量之间的联系更强：当董事会成员的性别多样性指标增加 10% 时，EBIT 利润率会增加 3.5 倍。

不过，p 值在该情况下为 0.11，这也就意味着即使二者不相关，出现这个结果的可能性也有 11%。

请记住，p 值越低，统计结论的可靠性就越高。换句话说，虽然董事会成员的性别多样性对财务绩效预测增幅要比高管团队成员的更高，但这一预测的可靠性却低得多。

相关性与因果关系

在讨论麦肯锡多样性调查的研究结果时，研究员们提出了一个关键点："研究所强调的人员多样性与财务绩效之间的关系是一种相关性，而不是因果关系。"简单地说，该研究的回归模型只能说明，整体来说，财务绩效会随着领导层多样性水平的提高增加，但这不能解读为领导层多样性直接导致了财务绩效的增长。我们还必须考虑到许多其他因素（统计学家称之为"混杂变量"）。例如，人口学多样化程度更高的公司更多地处发达市场，公司的 EBIT 利润率自然也会更高。通过回归模型来探索两个变量之间的关系时，企业必须警惕将相关性误认为因果关系。好在并不只有因果关系才能提供有价值的信息。在大多数情况下，强相关性已经足够帮助我们获得商业洞察并采取行动。

将统计学融入你的数字思维

统计学其实并没有那么糟糕，不是吗？仅仅通过阅读和回顾本章，你已经开始使用基本的统计学概念和统计学分析的术语来丰富你的数字思维。统计数据在年度报告、决策文件和报纸文章中随处可见。人们经常使用统计数据来支持论点或提高战略的可信度。将统计学融进数字思维意味着要熟练掌握统计学这门"语言"，帮助自己理解从数据集中推算出的结果，以及从数据中得出自己的结论。作为一个能够使用统计数据提出问题的数字侦探，你可能会在产品营销和销售预测中找到一些线索，解开一些谜团。统计学也可以用来猜想以及回答数据集之间的关系，例如探讨人员构成多样性和组织绩效之间的关系。面对数字告诉我们的信息时，我们谨慎地进行批判，比如不要把因果关系和相关性混为一谈，以及记得检查 p 值。统计学分析能帮你正确地理解并利用遇见的所有数据。最后，请一定牢记，虽然数字不会说谎，但人会犯错，特别是在输入数字和解释结果的过程中。统计学分析会在你的成功之路上发挥很多不同的作用，相信你会在培养数字思维的过程中逐渐认识到这一点。

完成 30% 目标
统计学推理

统计学是分析数据背后规律的工具。想要培养数字思维，我们需要像好奇的侦探一样提出正确的问题，并读出数据背后的信息。了解一些基本概念和术语将对我们大有裨益。

描述性统计用于识别数据背后的规律：

- 中心趋势用于描述数据集的值倾向于落在何处（均值、中位数、众数）。
- 离散程度分析了数据的分散程度（极差、方差、标准差）。

推断统计能帮你从样本既有的数据集中推导出关于总体的结论。

置信区间是一个数值范围，用于衡量用有限数据集抽样统计总体的准确程度。

假设检验是一个比较零假设和备择假设两种假设的过程，用于评估数据样本可以反映总体实际情况的概率：

- 零假设是假设没有变化（即样本集与总体之间实际没有差异）。

- 备择假设用于驳斥零假设（即样本集与总体之间实际存在差异）。

用于评估这两个假设的指标是 p 值：

- p 值较小意味着有更强的证据支持备择假设。
- 显著性水平是 p 值的可接受阈值，超过这个阈值，我们则可以认为零假设的真实性比备择假设高。

预测性统计使用统计学模型来预测结果。

回归模型通过将两个或多个变量放在 X 轴和 Y 轴坐标图上来分析它们之间的关系。

注意区分相关性和因果关系，但也别忘了，在商业领域，强相关性足以帮助我们获得商业洞察并采取行动。

你不需要成为统计学方面的专家，但请记住，统计学分析对于解释数据来说十分必要且有用，否则这些数据要么会让你感到困惑，要么会派不上用场。统计学推理实际上比你想象的更直观。

第三部分

变革

第5章

网络安全和隐私

为什么不能直接建一座防护城堡

沙特阿美公司（Saudi Aramco，全称为沙特阿拉伯国家石油公司）位于沙特阿拉伯的达兰市。

2012年春季，在一个平凡的日子里，该公司信息技术团队的一名技术员打开了一封电子邮件并点击了其中的链接，但是什么也没有发生，所以他并未在意。几个月后，伊斯兰教的斋月来临，此时公司的大部分员工都在休假，还在公司值班的几个人突然发现他们的电脑开始表现得十分异常。一些文件莫名其妙地消失了，电脑也开始自动关机。仅仅过了几个小时，公司的3.5万台电脑就都遭到了不同程度的破坏。为了及时止损，沙特阿美的技术人员只能拔掉世界各地数据中心的电脑和服务器的网线。以防病毒进一步传播，每个办公室的连接都被物理切断了。这个营收排名全球第七的公司也因此遭受了严重的财务损失。尽管该公司仍在生产石油，但沙特阿拉伯国内的卡车甚至都加不上油。曾经占全球石油供应量10%的沙特阿美突然变得岌岌可危。接下来的几周里，该公司只能通过打字机、普通邮件、传真这样的模拟通信设备进行沟通。为了保持石油在该地区的供应，沙特阿美甚至在最后开始免费发放石油。又过了5个月，沙特阿美终于建好了他们的新系统。在此期间，他们派代表飞遍了世界各地，买下了所有能买到的硬盘，甚至支付高昂的价格只是为了插队购买。这也导致其他地区的硬盘供应暂时中断，硬盘的价格也因此上涨。

这场危机的罪魁祸首是一个名为“沙蒙”（Shamoon）的电脑病毒，背后还涉及一个相当常规的安全漏洞，相关内容我们之后再作详细解释。虽然并不是每个安全问题都会像沙特阿美的案例一样威胁全球10%的石油供应，但根据以往的研究和与各公司的合作，我们认为，在数字时代，数字思维要求我们深刻地认识到：我们一定会经历安全问题。这就是现实。尽管我们可以采取各种措施来减少病毒入侵、信息泄露或者交易被篡改的发生，但是网络安全出问题是迟早的事，这是任何人都无法避免的。具备数字思维的人正是需要明白这一点，才能提前做好准备来应对突发的安全危机。关于数字安全你必须了解的两个最重要的问题是：什么时候发生？以及我该如何做好准备？

当被问到如何保管贵重物品时，人们通常会提出修建一座城堡来守卫它或者类似的建议。如果你想让贵重物品，比如金银财宝或最重要的文件，在城堡内安全无虞，那么你就会给城堡建起高耸的铜墙铁壁。你还会再挖一条护城河环绕城堡周围，只有通过吊桥才能进入城堡。除此之外，你还会派全副武装的士兵看守大门。一旦感受到来自外界的威胁，你就会加宽护城河或者增加守卫的士兵。总之，大多数人的想法都是加强城堡的防御，而且更重要的是，大部分人都认为进入城堡的入口是有限的，这样抵御外界威胁的时候只需要精妙的计划安排。

但是用城堡安全来类比网络安全其实并不准确。首先，数据存储在数字网络里，进出网络的方式有很多，仅这一点就和城堡不同。

其次，城堡建设者就是城堡的主人，而数字世界的运行规则并非如此。城墙可能是你自己垒的，但是相当于砖块的预制组件你可能是从一家供应商买的，买过来的组件又安在你从另一家供应商买过来的底座上。你自己雇了一些士兵，但其他士兵都是你从别的安全供应商那儿招过来的，这些士兵的训练方式彼此并不相同。护城河里的水也不是你能做主的。随着时间的推移，伴着潮起潮落，护城河里的水也不断改变着河岸的轮廓，并且逐渐侵蚀你的地基。换句话说，数字城堡的构成其实十分复杂，平台的基础架构也是瞬息万变，所以即使你今天想出了绝佳的防御方案，也不能解决明天的问题。

若想培养数字思维，我们就不能再把数字生态比作城堡，而应该去了解数字生态系统的动态变化和去中心化。同时还要知道，即使我们都希望能够尽可能保证安全，但实际上我们能做的十分有限。为了加深理解并学习应对之策，我们将讨论解决安全问题的三个主要领域，来帮助你在充满不确定性的数字世界中保护数据安全。它们分别是：

- 接受数字生态的相互依赖性
- 隐私设计
- 借助区块链保障数据完整性

虽然你不需要成为安全专家，但只有了解了数据会面临的各种外部威胁，你才能做出明智的决策，减少数据泄露的发生，并且在出现危险时快速有效地应对。本章将主要针对第三个领域——区块链和数据完整性进行大篇幅讨论，因为在这个领域你可以采取非常积极主动的措施，且它同时也是让许多人感到困惑的一个数字技术领域。

接受数字生态的相互依赖性

正如第 2 章所说，技术堆栈以及整个数字生态中的大多数技术都在访问你的数据。这就好比你的城堡有数十个甚至数百个入口，每个入口都有自己独特的监控和管理方式。而且，由于技术在持续变化（并且与其配套的技术也在变化），新的入口随时会悄无声息地出现在你意想不到的地方。更不用说大约 20% 的安全漏洞都是由公司自己的员工意外制造的，他们在不清楚后果的情况下更改了软件配置或技术堆栈。

为了理解安全性，你需要摒弃另一个常见的误解，即认为数字系统不是一次性的硬件或产品。我们发现，大多数非技术人员都认为，数字系统就像桌子一样，无论把它放在哪个房间里、如何使用或者桌上放了多少东西，你都默认它能用 10~15 年。但数字技术完全无法如此类比。想象一下，如果桌腿每年更换一次，从木头变成塑料，那么以前固定桌腿和桌面的钉子现在就没法用了。而且新的塑料腿不一定足够结实，所以为了保持稳定还得给桌子安支撑架。如果不换桌腿是不是就可以避免这些麻烦了呢？但这条桌腿可能并不是你提供的，所以你可能也没得选。你也可以找一个新的桌腿供应商，但他们生产的桌腿很可能跟你现有的桌腿无法匹配，那你还必须对桌子做其他调整。相信你应该懂我的意思了！

所有数字系统都在不断地演变，且这种演变通常不在你控制的范围内。这也就是为什么我们强调要把数字系统看作一个生态系统，这个生态系统的技术堆栈在不断变化，由你和合作伙伴一起管理，而这些合作伙伴也在不停换人。当不同的公司或企业控制着技术堆栈的不同部分，或者控制着技术堆栈使用的不同技术时，不难发现，这些公司提供的技术经常发生变化，因为只有这样做才能保持竞争力。这也就意味着，基于这些技术构建的一切，或者为了连接这些技术而构建的一切，也必须更新。

接下来让我们来看看推特里的相互依赖是如何发挥作用的。推特在自己和用户的数据保护方面做得非常好，但由于其技术生态的复杂性，推特仍然遇到了一些问题。

当你拍照时，智能手机会标记照片的地理位置，记录下照片拍摄地点。当然，出于安全考虑，推特不会发布这些照片的地理位置数据，也不会将这些数据与合作伙伴共享。某一天，程序员在修复另一个问题时无意中往推特的 iOS 版本中引入了一个漏洞，这个漏洞会暂时将推特照片的精确位置发送给第三方。不过这个漏洞一经发现就被迅速修复了。还有一次，负责安卓平台的工程师为了适应闰年更新了代码，此时出现了第二个漏洞。

因为一些工程师并没有正确遵循规定的常规步骤，所以新的代码在运行时出现错误。根据推特的内部安全措施，如果在服务器请求中使用了错误的日期和时间，系统应拒绝该请求，以防止黑客攻击。因此，当推特的新版本在安卓发布后，所有安卓用户的登录请求都被拒绝了。在接下来的 16 个小时里，超过 2/3 的推特安卓用户被登出，并被禁止重新登录。

不难发现，推特并没有充分加固其安全措施，但是在这个生态中影响安全问题的参与者有很多：推特的技术本身和其开发者；开发 iOS 系统的苹果公司；开发安卓系统的谷歌公司；编写闰年更改文档的技术人员；以及开发拍照应用和用于标记照片的 GPS 技术的公司及工程师等。

实际上，哪怕是推特这样的科技公司也无法永远确保所有入口的安全，因为这些入口始终在变化。想培养一套好的数字思维，你需要意识到，不论你付出多少心血来保护数据，它们总有容易被攻击的时候，这是不可避免的。不用过度纠结“是否会发生”，因为它迟早会发生，关键是“何时发生”。一旦接受了这个事实，安全问题就变成了风险评估问题。你想抓紧开发产品，那你愿意承担多大的风险呢？你想从供应商那里购买组件（硬件或软件）而不是自己开发，那你愿意承担多大的风险呢？你不想优先更新软件的某些组件，而是希望先开发新功能，那你又愿意承担多大的风险？

除了要在这些决策上深思熟虑之外，定期进行风险审计、查找已经出现或可能出现的漏洞也非常重要。到计算风险为止，这个等式只完成了一半。另一半是面对突发安全漏洞做好应对准备。提前制订计划，确定资源如何分配、如何向客户和利益相关方通报安全漏洞，以及如何公开透明地处理问题，这些都是我们从与大型科技公司的合作中总结出的经验。一旦安全问题发生，你就能够借鉴这些经验采取负责任的处理方式。这也引出了我们接下来的话题：技术债务。

技术债务预算

具备数字思维的人应该明白，为了适应数字生态的变化，需要不断地更新和整合软件。工程经理通常将这些组件的维护工作称为技术债务（technical debt）。“技术债务”这个说法最初是由一位名叫沃德·坎宁安（Ward Cunningham）的软件工程师提出的，他也是《敏捷宣言》（*The Agile Manifesto*）的17位作者之一，此外还是维基百科的创始人之一。他为了向公司没有技术背景的股东等利益相关者说明更新旧技术的需求应该纳入预算考虑，第一次发明并使用了“技术债务”这一术语。

大多数公司当然不希望在这上面花钱。他们更希望把钱用于开发新功能或新产品，而不是不断升级现有的产品来让它们经受住时间的考验。这就像装修房子一样。我们更愿意花钱购置新的厨房台面和家电，而不是把钱花在管道或电路的维修升级上。但如果我们只把钱花在面子工程上，而不注重维护里子，那么最终会面临管道破裂和电路短路，到时候我们只能借钱来解决基础设施方面的危机。技术债务就像民宅的水管和电路。一直以来，优秀的产品经理和工程经理都会预留时间和资金，定期更新产品的核心组件，以确保产品持续、良好地运行。这样做的目的是避免公司在某一天因技术债务过多而陷入困境，而不得不中止产品开发来解决一些长期被忽视的问题。

应用集合公司（AppFolio）是一家专门开发物业管理软件的大型“软件即服务”（SaaS）公司。为了有效管理技术债务，这家公司会定期举办“拆除大赛”。比赛中，产品工程师要更新（通常是主动地）技术堆栈中自己负责的部分，以及修复核心产品的已知问题。比赛有时会持续两周，其中所涉及的更新对于维持系统健康非常重要。但工程副总裁埃里克·霍金斯（Eric Hawkins）透露：“有几个团队几乎从未参加过拆除大赛，因为他们早在日常工作中就处理完了各自的技术债务。听见他们这么说我太开心了。即使新软件开发的步伐被迫放缓，我们也会为将来必须要做的更新升级预留时间。毕竟如果不把技术债务还清，将来还有大麻烦等着我们。”

此外，如何跟上其他系统的变化，也是你必须考虑的内容。苹果的应用商店就是一个技术债务迅速累积的生动案例。每年都有数以千计的应用程序因为运营惨淡而被迫在应用商店下架。的确，没有哪个应用程序能够永远运行下去。作为平台供应商，苹果对应用商店上应用程序性能的要求在不断调整，应用程序运行所基于的移动操作系统和硬件也在持续发展。这也就意味着，应用程序开发人员需要持续对软件进行重构（软件开发人员用于表示重写部分应用程序代码的术语），并重新设计系统，来维持应用程序的正常运行。许多应用程序开发人员对这些改变的必要性缺乏认识，也没有足够的预算来应对这些变化。如果管道破裂以及电器不符合规范，那么最终房屋只能被废弃。同理，如果技术债务逐渐累积，那么开发人员最终也只能关闭应用程序。

沙蒙病毒能够如此快速地席卷沙特阿美公司，其日积月累的技术债务需要承担部分责任。病毒的制造者发现控制计算机互相操作的代码存在漏洞，于是便加以利用，也就是说，他们在沙特阿美公司自以为很牢固的城堡中开辟了入口。自此，病毒的制造者愈发得心应手。2017 年，沙特阿拉伯的几家石化工厂因为沙蒙病毒被迫关闭。该病毒利用的是各公司系统更新不同步而产生的漏洞：其中一家公司改变了自己的系统，没想到却影响了另一家公司的系统，安全漏洞便不知不觉地产生了，黑客也借此渗透进各公司系统。他们试图关闭各工厂的控制器，而这些控制器负责调节电压、压力和温度等。安全专家认为，这些黑客攻击可能会导致大规模爆炸。

当问题出现在技术堆栈中上游的位置时，我们更容易看出技术债务对产品或业绩的影响。对于发生在技术堆栈下游位置的变化，情况则恰恰相反，因为这些变化通常不会立即产生影响。而且即使有些产品目前仍运行得相当良好，我们也要投入时间和金钱，准备接下来要做的改进。这个观点听起来可能与常识相悖，且让人感到乏味，但是你要知道它对产品在未来持续取得成功来说至关重要。对大多数科技公司来说，未来已离我们越来越近，领导者们必须采取积极主动的措施，留出技术堆栈更新所需的预算和时间，从而保持竞争优势。如果等到基础架构需要更新的时候才作出改变，那就为时已晚了。

从设计着手保护隐私

2013 年，英国政治咨询公司剑桥分析（Cambridge Analytica）推出了一款名为“这就是你的数字生活”（This is Your Digital Life）的应用程序，开发者是数据科学家亚历山大·科根（Aleksandr Kogan）及其团队全球科学（Global Science）。该应用程序会问用户许多和行为、数字技术使用情况相关的问题。

剑桥分析公司利用所得到的数据建立了心理档案，用来预测选民行为等。为了获取所需数据，该公司与脸书展开了合作，后者要求他们遵循研究的知情同意流程。协议规定，脸书用户完成这项调查将获取相应的报酬，且用户数据只用于学术目的。但事实是，该应用程序不仅调查了自愿参与调研的知情用户，还从受访者的社交网络（即他们的脸书好友）中收集了其他人的个人信息，而不论受访者还是他们的朋友对此都毫不知情。随后，剑桥分析公司利用这些数据建立了一个大型心理档案数据库，用于定向投放政治广告。当数据泄露的消息公之于众时，脸书的股价在十天内下跌了超过 24%，损失了大约 1340 亿美元。2019 年，美国联邦贸易委员会宣布对脸书处以 50 亿美元的罚款，以惩罚其侵犯隐私的行为。英国的信息专员办公室也认定脸书使得用户面临“严重危害风险”，因此对其处以巨额罚款。

隐私是一个安全问题。数据对公司来说很有价值，其中最有价值的部分乃是数据中包含的保密信息。这些信息可能是公司生成或汇总的，也可能是客户为了换取服务自愿提供的。但无论哪种情况，数字业务都必须保护这些专有数据，不仅是为了保护客户，也是为了保持自己的竞争优势。

每个人的私人数据都变得愈发珍贵和关键。谷歌、脸书和领英这些科技公司会收集我们的行为数据，并使用 AI 来预测我们可能想买的东西，然后将预测结果出售给第三方，这样第三方就可以通过广告定向推销这些产品。这些公司的大头利润都是来源于此。因此，我们必须确保我们认为有价值的数据是安全的。

数据隐私与用户行为的可见息息相关，而后者的普及是数字化带来的最重大变革之一。通过数字技术进行的每一项活动都会留下痕迹，所以不管乐意与否，你的行为都会被其他人看见以及记录。在数字时代，可见性与获取信息要付出的努力程度相关。施乐帕克研究中心（Xerox PARC）前主任约翰·西利·布朗（John Seely Brown）认为，如果人们认为信息难以获取，或者不知道有什么信息可供获取，那他们可能并不会主动寻找。因此，与人们的工作行为、任务、知识等有关的信息，虽然理论上是可见的，但实际上可能是无形的。而数字化则降低了行为可见的难度。虽然数字技术不是导致行为可见的原因，但人类行为的数据越来越多，意味着我们不再生活在一个隐秘的世界里，我们不需要努力就可以让自己可见。相反，正是因为我们在数据中留下的痕迹，其他人才可以轻而易举地观察我们。我们的可见程度以及以何种方式可见与隐私权和同意权有关，所以这些问题也应该得到重视。

脸书向剑桥分析公司披露了用户行为数据，用户也被明确地告知他们的数据将成为脸书的资产。在数字世界中，隐私处理起来相当复杂。所有脸书用户或其他社交媒体用户的在线操作都会被朋友圈以外的人看到。只要有一个朋友轻轻一点，你的帖子、反馈、照片或表情包就会被传到新的社交圈里（哪怕这个圈子里的人你一个都不认识）。当然，你可能对这种存在于脸书等社交网站上的风险了然于心，但你不知道的是，脸书这些公司收集你的数据后还会转卖给其他公司。

公司主要通过所谓的算法排序让我们的行为变得透明。简单来说，算法会对信息进行排序、排名、推荐和分类，以便理解和使用，但信息的透明度也同时增加了。微软研究员塔尔顿·吉莱斯皮（Tarleton Gillespie）认为，算法并不会使所有行为都可见，使不同类型的行为可见的方式也不尽相同。首先，并非所有数据都可以输入算法。此外，算法背后的人类程序员才是决定相关性程度的人。因此，算法会将某些行为视为可见，而将其他行为视为不可见。算法并不对所有人都一视同仁，不同的观众会看到不同的行为。像谷歌这样的搜索引擎经常根据不同用户类别呈现不同的排名结果，以了解用户对内容的偏好（主要看点击情况），并通过比较评估来调整核心算法。

切实地讲，算法排序会影响你的隐私和个人数据的使用方式。例如，在填写招聘表或调查表时，你会主动提供关于自己的信息，而且你也知道这些信息是公司要用的。但当你使用数字工具填写时，数字工具会收集你的在线操作记录，并创建一个行为档案。此时，你的数据正被收集并将被公开，而你通常对此毫不知情，但其实你在签署软件使用协议或技术使用许可时就已经同意了这一行为。

我们曾与一些收集和分析数据的公司进行过大量合作。关于如何在员工或客户使用数字工具时适当尊重其隐私权的问题，我们从过往经验中总结出了一些可行的答案。良好的数字思维要求我们了解数字服务是否可以收集我们的隐私数据，以及收集的时间和方式。如果你是提供数字服务的经理或者你会参与隐私协议的制定，那么以下建议可作为你的通用指南。如果你是一名员工，并且担心公司正在“监视”你或者侵犯了你的隐私，那么这几点建议可以帮助你知悉公司对你的数字行为的了解程度。

如何保护隐私

必须先保证透明度。在收集数据之前，员工和客户都应签署一份协议，表明已知晓自己的线上行为将被跟踪并用于行为分析。充分披露和员工同意必须得到保证。除此之外，我们还发现了几个预防方法：

- **员工有权获取所有与他们相关的数据。**我们建议，公司至少应以年为单位提供这些数据，其中包括个人社交网络图和对交易情况及关键行为的简单总结。甚至还可以在报告里给每位员工打分，用于和他人比较某款软件的某个功能的使用时长。
- **明确说明数据收集程度。**最基础的数据收集，也是最不容易引发隐私问题的，是偏宽泛的模式分析。这样的分析可以显示某人的在线社交不积极，但并不会具体说明导致这个问题的原因。这样的分析还可以指出组织中的某些团队很有创新精神，但并不会指明是哪些团队。

  更深入的分析可以掌握指定人员的某种偏好。它们会通过评分预测哪些人的行为更有影响力，或者哪些人的离职会对公司造成很大的损失。虽然这个等级的分析可以为我们提供更多有价值的信息，但是它会聚焦于具体的人。最深入的分析融合了数据收集与机器学习。在这种情况下，员工们与谁互动以及对话主题都会被收集。所在公司可以查看电子邮件和社交网站上的所有内容，这样就可以对员工擅长的专业领域有所把握。领导者们可以利用这些信息做出具体的判断，例如，某某某关于特定领域有非凡的创意。

如果你在一家数字技术公司工作，那你应该明白，仅仅靠好的隐私政策是无法提供足够的隐私保护的。不管你做什么，都必须考虑到隐私安全，哪怕是在最初开发数字工具的时候，这是拥有强大数字思维的表现。“从设计着手保护隐私”（Privacy by Design，PbD）这个词组的发明者是连任三届安大略省信息与隐私专员的安·卡沃基安（Ann Cavoukian）博士，它常被用于保护用户隐私。通常情况下，隐私保护被视为一种事后补救的措施，只在法规要求下才予以考虑。而从设计着手保护隐私“在早期就将隐私保护嵌入技术，积极主动地保护隐私”。从设计着手保护隐私主要基于 7 个基本原则：

- 采取主动，拒绝被动。也就是说，提前预防好过亡羊补牢。
- 将隐私作为默认设置。
- 将隐私作为设计工作的一部分。
- 保留完整的功能："隐私和安全都很重要，不应该牺牲任何一方。"
- 确保端到端安全："根据数据的需要，数据应该得到安全保存。当不再需要时，则应及时销毁。数据在整个生命周期内都应该受到适当的保护。"
- 保持可见性和透明度。
- 尊重用户隐私，以用户为中心。

虽然从设计着手保护隐私并非唯一解决之法，不过研究也表明，在开发新技术时遵循从设计着手保护隐私原则的公司遭受的数字泄露确实较少，用户好评度也更高。关于数字和信息时代滋生的隐私问题，加州大学伯克利分校的戴尔德丽·马利根（Deirdre Mulligan）和斯坦福大学互联网与社会中心的珍妮弗·金（Jennifer King）是这样定义的：

> 隐私也可以被视为人类活动的一种，公司需要征集并了解每个人在具体情境下的隐私期望。不仅要对隐私的概念进行探讨，还要结合实际案例做进一步的调查。这种从设计着手保护隐私强调以价值和人为中心，聘请的隐私专家也要求有全新的观念。律师要确保公司在服务条款中包含真实详细的隐私条款，并且得到用户的许可。想要了解特定场景中所涉及的价值观和隐私要求，有很多功课要做，包括通过研究来理解和记录个体间微妙的差异，例如人性的天真、对数字技术的无知和误解、基于先前现实世界经验而形成的心理模型以及认知偏差等。这是一套完全不同的技能，它尤其关注情境和个体经验，而这些正是公司通过隐私声明试图否认和抹消的。

以荷尔科技公司（HERE Technologies）为例，这家公司总部位于荷兰，主要利用车辆中的GPS系统生成的数据，通过AI为其他公司提供地图和位置数据。荷尔科技的数据科学总监迈克尔·科普（Michael Kopp）博士表示，在80%的情况下，想获悉一个人的身份信息，只需要四个位置。由于这类数据高度敏感，荷尔科技主动为用户搭建了一个中立的服务器（该服务器支持远程访问，保证访问安全，且不允许第三方访问），用于各个行业共享位置数据，这些数据可以用于机器学习。服务器的中立性得益于用户许可管理系统，该系统允许用户选择要共享的数据和共享方式。用户可以使用其他人的位置数据，但双方的个人信息都不会被泄露。

从设计着手保护隐私和荷尔科技所用的策略的优点在于它是主动保护。我们一般认为，技术本质上会侵犯隐私，所以必须通过监管来进行限制。但上面这个案例却恰恰相反。

想要落实从设计着手保护隐私，仅仅聘请一名首席隐私官或合规人员是不够的。工作人员不能只是知道"隐私"这个词，还要了解用户对隐私的关注和期望，要知道谁会在用户需求与公司目标相冲突时为公司辩护。要培养数字思维，必须牢记，隐私是一切的核心。只靠事后的补救是行不通的，我们必须把隐私嵌入数字系统中，制定健全的政策，规定行为数据的收集、存储、分析和使用方式。

借助区块链确保数据完整性

钻石每年的全球市场规模都超过900亿美元。据专家估计，其中15%（135亿美元）因欺诈而损失。当然，这并不难理解。在钻石从地下开采到流入市场这个过程里，大约会有15~20个中间商经手。在交接和交易时，钻石很容易丢失、被替换或错误分类。在2000年之前，大约25%的钻石被非法交易。直到2003年，联合国提出了金伯利进程，确保"钻石交易所得不会用于资助破坏合法政府的反叛运动及其盟友”，钻石从矿山进入零售店的流程也受到了严格追踪。尽管已经有 81 个国家选择加入金伯利进程，效果却仍然差强人意。这是因为钻石在全球范围内流通，只能通过电子系统进行登记，因此跟踪非法钻石的流动路径变得困难。优秀的宝石学家固然可以辨别一块原石的原产地和质量，但随着在供应链中不断流转，钻石会经历多轮加工，此时不论是经验多么丰富的专家，也很难保证消费者买到的钻石就是来自原产地的那枚钻石。正如美国宝石学研究院的研发总裁王五一所说：“公众和行业内部人士都很担忧……但目前的确没有技术能够确定已加工钻石的来源。”

钻石供应链这个例子很好地说明了数据完整性的重要影响。如果数据完整性缺失，而很多人都有权在不告知他人的情况下处理和操纵与协议、关系或资产有关的数据，那么就会出现很多问题。数据完整性是全球普遍面临的问题，涉及包括奢侈品、服装、食品、制药在内的诸多行业。由于传统供应链长、涉及流程复杂且缺乏透明度，因此很难确定交易物品的真实性和质量。

为了解决这个老大难的问题，我们引入了区块链（blockchain）。

一家名为易葳录（Everledger）的公司与美国、以色列、印度和比利时的主要钻石认证机构合作，对市场上的每颗钻石进行评级和认证，并利用这些数据为每颗钻石创建电子“身份证”，记录下了钻石的 4C（颜色、切工、净度和重量）、其余 14 个参考指标以及每颗石头的专属识别码。凭借这些信息，易葳录就可以知道任意一颗钻石的位置以及现在的主人，甚至可以追踪到每颗钻石在零售店和电商平台上的流向。简而言之，易葳录保证钻石所有相关数据的万无一失，防止钻石欺诈的发生。拥有数字思维意味着除了安全和隐私外，你还要关注数据的完整性。为了保证数字系统的安全，我们不能让系统中的数据遭到损坏或篡改，不能让不怀好意的人从中受益。

区块链技术虽然目前还未成熟，但仍然是我们在保护数据完整性道路上迈出的重要一步。了解区块链的工作原理对于建立强大的数字思维非常重要。接下来，我们将结合具体案例简单地聊一聊什么是区块链。总的来说，区块链用于验证数据的完整性非常有效。此外，对诸如房地产交易、医疗资格认证、供应链跟踪这样的流程来说，数据完整性非常重要，而且往往需要花费数月，但是如果引入区块链，几秒钟就可以完成。

区块链及其作用

相信你对区块链这个名词并不陌生。它在你眼中的印象可能是非常复杂、难以理解，或者你觉得只有程序员才有必要了解区块链，但事实并非如此。随着区块链的重要性日益凸显，每个人应该了解一些相关基础知识。

区块链就是一个安全性和信誉度都很高的账本，它会记录下与交易有关的数据：谁有什么、谁从谁那里购买了什么、谁有权力做出某项决策，等等，这一点与传统账本类似。在过去，办公室里的账本是保密的，它被锁在保险箱中，只有一小部分人能够接触到。但在今天，账本可以是一个非常安全的软件系统。这就是区块链的巧妙之处。数字账本是分布式的。也就是说，区块链作为一个共享数据库网络，任何人（无论来自组织内部还是外部），只要有授权，就可以用它来核实交易细节和相关条款。

不妨试着在脑海里勾勒一个魔法世界。当你可以在这个世界里的某个账本上录入信息时，神奇的事情发生了——这些信息会同步出现在世界各地的数千个账本上，而且没有谁可以控制所有账本。只要有密码，任何人都有访问账本的权限，不仅可以查看账本里的内容，还可以在账本上记录自己的交易，录入的信息也会随即出现在其他魔法账本上。但是如果没有密码，账本就无法打开。

还有一点，一旦你在账本中添加了一笔交易，这笔交易是无法撤销的，而且会永远记录在案。也就是说，账本的内容只会不断增加。

这就是区块链的工作原理，它的核心优势在于不可篡改交易历史和去中心化。

传统的数据库的数据存储在表格中，但区块链，顾名思义，是将数据块链接在一起形成链。每一笔交易（或货币交换）都在上一笔交易的基础上进行，形成一个交易的网络，通过此网络可以跟踪任意用户在区块链上的数据。由于区块链的链式结构，如果要修改其中一个数据块，就需要同时修改与之相关联的所有数据块。这个过程需要非常高的计算能力，几乎不可能实现。这也就意味着，一旦使用区块链技术进行了一笔交易，就无法撤销或逆转该交易，最多只能通过新的交易来更正或修改。想要篡改这个系统近乎是不可能的，数据的安全性因此得到了保证。

去中心化的意思是，没有任何一方能够控制区块链账本。在传统交易中，我们需要第三方机构（比如银行）来核实是否一切正常。区块链则与之不同。在区块链上的交易是以区块链地址为单位进行的，而每个用户都有自己唯一的区块链地址。区块链的设计使得技术本身就可以提供担保，因此交易双方可以直接进行交易，而不需要第三方作为担保人。换句话说，虚拟货币不是存储在传统的银行账户中，而是存储在一种数字化的个人钱包中。

此外，区块链地址对于每个人都可见，但不是每个人都可以解锁这些地址。这就涉及公钥密码学的内容了，区块链的数据安全性得益于公钥密码学的应用。正是因为区块链上的每个用户都有且仅有一个地址，而这个地址在整个区块链网络中公开可见，其他用户才能确定他们正在与正确的交易对象进行交易。每个用户还有自己专属的私密访问代码，用于访问其数字钱包。只需通过这种方式，用户就可以确定他们支付的款项将被发送给预期的收款方，而不用依赖中央权力机构的介入，同时还可以避免其数字钱包遭受来自外部的风险。

由于交易在指定的账户之间进行，并且不用中央机构的确认，交易速度加快了许多。交易相关信息也会在整个区块链上同步更新，所有交易参与者也可以立即查看这些信息。这不仅使交易的透明度增加，还让安全性得到了提高，因为区块链添加了更多的区块，增加了交易的不可逆性。区块链的即时性、透明性和安全性让它在需要快速和安全进行的大额交易（如大型资产交易）和外汇交易方面发挥了巨大作用。

在跨系统追踪复杂信息和确保重要数据不被篡改方面，区块链的表现也十分出色，因此许多组织已经开始使用区块链技术来简化内部系统，同时还可用于管理各种记录，包括 IT 设备、税务和选举的记录等。麻省理工学院梅德瑞克媒体实验室（MedRec）就是其中一个例子。梅德瑞克实验室利用区块链技术创建医疗记录系统，方便患者查看不同医疗机构的就医记录。区块链技术被应用于追踪、追溯和记录各行各业货物的运输情况。例如，国际商业机器公司在食品信托计划中引入区块链技术来追溯食品的来源和转运过程。这样做不仅能提高供应链效率和减少浪费，还能避免食品污染的发生。自 2017 年项目启动以来，包括沃尔玛、家乐福、泰森在内的食品行业巨头都已参与其中。

区块链还有望推动应用程序的革命，开发有可能取代现有模型和机构的应用。例如，区块链可能会促使新的点对点市场的产生，甚至有可能打破传统中心化平台（比如亚马逊）的垄断地位。这类应用未来有望取代现有的模式，但目前还需要各方的高度协调与配合。比特币、以太坊和瑞波等加密货币系统就是一个佐证，它们也是基于区块链技术的应用，并且在媒体上引起了广泛关注和炒作。虽然从技术上讲，加密货币有能力取代实体货币，但想要实现这一点，各个国家的金融机构必须达成一致，同意采用加密货币。这就涉及政府、中央银行、商业银行和其他金融机构之间复杂的协商和合作。

“智能合约”是目前最具变革性的应用之一，它可以实时高效地完成结算，如数字内容版税的支付。智能合约目前已被音乐行业采用，这个行业原本的结算流程不仅烦琐，还总是存在很多争议，并且还需要支付高昂的费用。2018 年，英国音乐家伊莫金·希普（Imogen Heap）推出了区块链项目菌丝（Mycelia），旨在为音乐人提供管理项目和元数据的新方式。她还发布了第一首采用了智能合约的歌曲，每次播放这首歌曲，系统都会自动向这首歌的所有创作者支付报酬。通过智能合约，系统可以及时进行快速、透明的自动分配，避免了冗长的谈判过程。

除了版税支付，智能合约还可以用于执行遗嘱、契约、租赁甚至停车罚单等。这种应用之所以具有变革性，是因为它减少甚至消除了对律师、经纪人或其他第三方中介的需求，从根本上改变了我们制定和执行各种合约的方式。不过也正因为我们要改变自身根深蒂固的观念，智能合约的实施其实也面临着巨大的挑战。

在其他领域，特别是金融服务领域，一些公司已经开始创建“本地化”应用程序，比如可以与频繁合作的伙伴进行快速、安全交易的私有链。星际团队（Interstellar）已经与纳斯达克、维萨和花旗集团等组织合作开发企业级区块链应用程序，旨在更方便地追踪资产。恒星区块链（Stellar）就是其中一个例子。国际商业机器公司利用恒星创建了基于区块链的支付系统世界线区块链（Blockchain World Wire），旨在简化不同货币和金融资产之间的价值转移。这个系统可以为大宗资产等交易实现实时的结算和清算。据西班牙国际银行估计，这个系统每年可节省高达200亿美元。

未来我们将依赖区块链

来自哈佛商学院的马尔科·扬西蒂（Marco Iansiti）和卡里姆·拉哈尼（Karim Lakhani）认为，区块链可能会像互联网一样，深刻改变我们的生活和工作方式。站在当前回望过去，我们可以清楚地看到互联网带来的革命性改变，但在其诞生之时，互联网遭受的是铺天盖地的质疑。在20世纪六七十年代，许多电信公司甚至都不相信数据能在当时的初期架构中传输，更别提语音和视频传输了。当时，它们依然在非数字化（或尚未数字化）的环境中运营业务，并且获得了相当可观的利润。

早期互联网在面临怀疑态度和技术发展时间延迟的情况下，其价值受到了直接影响。毕竟，就像任何网络一样，互联网的实用性很大程度上取决于其用户规模——用户越多，能做的事情就越多。但是由于用户数量早期增长缓慢，互联网的许多潜力经过数年才被挖掘出来。不过，即使在早期阶段，像电子邮件这样的简单应用也吸引了一部分人的关注和使用，为接下来的应用程序铺平了道路。比特币就好比是这里的电子邮件：它不算新颖，也不需要复杂的基础设施，但它提供了一种更高效便捷的支付方式，并且能够立即为使用者创造价值。正是因为比特币这样的应用吸引了越来越多的用户，区块链的全部潜力才能得到开发。

区块链已经开始革新，为新的解决方案铺平道路。拉哈尼和另一位合著者，赛德商学院的泰波·费林（Teppo Felin），都开始敦促各公司主动思考如何最大化利用这项技术，获得先发优势。为了帮助企业使用区块链打造自己的优势，他们提出了三个关键点：公司的战略、公司的能力和公司能为利益相关者解决的问题。首先你可以列举可能面临的日常问题，然后迅速头脑风暴，思考如何最大化地利用区块链进行记录、跟踪、核查和整合数据。目前的应用场景仍然比较简单、直接，例如用户较少的内部系统。不过随着时间的推移，相信更多创新和颠覆性的应用会逐渐进入我们的视线。目前最重要的是提前预见即将到来的变革，并思考如何将区块链运用到日常工作流程中。区块链技术是未来发生变革的关键，如果你希望能在未来保持优势，那么你应该及时改变商业模式并加大对区块链技术的投入，以免为时已晚。

安全问题无法消除

电脑病毒、脸书个人资料泄露以及钻石供应链的案例代表着在当今数字时代常见的三种安全威胁。安全问题无法避免，但是具备数字思维的人自然知道应该关注的问题是“这个问题什么时候发生”以及“如何准备应对之策”。你不需要成为一名安全专家，只要做到接受数字生态的相互依赖性，及时处理技术债务以及注重做好设计来保护隐私，你就已经在有效减少各种安全问题了。注意，是减少，而不是消除。

完成 30% 目标
安全

拥有数字思维的人必须明白，保护数据安全不同于保护入口有限的城堡。数字环境非常复杂，各个因素相互影响，并且不断发生着变化。数据安全受到威胁是必然的，这是我们必须接受的事实。与其纠结是否会发生，不如关注到底何时发生。隐私也是安全问题。我们应该从安全和隐私的角度出发，提前做好周密的规划：

- 始终为技术债务留有预算，用于更新旧的基础架构，确保现有基础设施能够适应未来的需求和变化。
- 数字排放指的是你进行的所有网络活动留下的痕迹。通过这些痕迹，所有人都可以看到你的行为，不论你是否愿意。只需要把这些线索拼凑在一起就可以得到你的行为侧写。
- 每个人都有权决定其个人数据是否被收集。
- 公司在设计阶段就应默认考虑隐私问题，将隐私保护融入设计的方方面面，并在数据收集方面保持透明。
- 区块链是指多种不同的分布式账本技术。
- 区块链技术能够快速、安全地记录复杂的交易数据。交易可以在区块链上立即进行，不需要第三方介入，且已完成的交易永远不可取消或篡改。区块链不仅快速、安全，而且支持直接的点对点交易，适用于加密货币、高效的录入系统、供应链中的商品追踪以及其他应用场景。

- 随着用户数量的增加，区块链的价值也会增加，这一点和其他网络一样。未来区块链有望在企业和社会掀起一场技术革命。

了解你的个人数据可能在何时何地被收集，这也是培养数字思维的一部分。同时，我们也需要记住，数字系统的持续发展，既可能带来意料之中的积极影响，也可能带来意料之外的安全漏洞。

第 6 章

实验很重要

不试焉能知

你大概看过这样的广告：颜色醒目的假人坐在车里，车高速撞向墙壁。这些广告根据汽车工程师进行的实景碰撞实验制作，目的是展示汽车的安全性。21 世纪初，美国的一家汽车公司采取了新的战略性举措 —— 减少一直以来采用的实景实验，转而使用电脑来模拟大部分碰撞实验。

从经济的角度看，这一举措相当明智。建造和摧毁一辆实验用汽车需要花费超过 75 万美元，但是在电脑上做一次实验只需要零点几美元（当然在这之前，需要投入一定资金来设计软件和准备算力的基础架构）。而且在电脑上做一次实验的时间远远少于撞毁一辆实体车的时间。根据 21 世纪初的一次审计结果，在采用电脑模拟实验之后，美国的这家公司节省了 1 亿美元的实验成本。

诚然，从物理实验转变为数字实验是车辆安全测试的一项巨大变革。但是人们要真正养成数字思维，获取数字思维带来的诸多好处，仅仅把实验从物理世界转移到数字世界是远远不够的，这也是本章将要讨论的内容。

巴拉吉（Balaji）和达维德（Davide）是这家汽车公司的工程师。2014 年，他们使用数字实验来确定该公司最畅销的小型 SUV 的车头的改进方案，让这款车能够在碰撞实验中获得五星评级，这也是该公司一直以来梦寐以求的。他们在数字模拟中，将 1247 台汽车的数字模型撞向了虚拟墙壁。每次模拟实验与前一次相比只有微小的差异。正如达维德所说:“数字化最大的优势就是可以支持你做很多次实验，直到你看出一点不同的趋势。然后你可以继续稍加调整，看看实验是否朝着你希望的方向发展 —— 不断重复这个过程，积累更多的实验结果。”

某一天吃午餐时，巴拉吉和达维德正在与同事们讨论车辆设计。巴拉吉得知其中一些同事的设计听起来与他们的车辆前梁（汽车发动机舱下方的重要结构组件）非常相似。于是，他询问其中一位同事经过了多少次实验才得出这一设计。“这个嘛，大概 2300 次吧。”同事快速回答道。

回到工位后，巴拉吉对达维德说:“这太荒谬了。两个不同的团队各自进行着类似的实验，得出了相同的结论。每个项目的测试都得出了一些经验和成果，但我们却未能共享这些知识，所以没有找出适用于所有项目的通用设计方案。”他知道，因为所有的实验都是在电脑上进行的，并且存储在公司的服务器上，所以所有实验的结果，无论成功与否，都只能安静地等待被发现。“我们需要做的是进一步的实验，来验证之前的实验是什么在起作用。”巴拉吉对达维德说道。

达维德明白巴拉吉的意思，但他们俩都清楚，这个想法与公司惯有的方式不符。他们担心向上级提出这个想法时会得到否定的回应。然而，随着讨论的不断加深，他们的兴奋心情最终还是战胜了顾虑。他们与老板进行了会面，但还是得到了老板的坚决否定。这是为什么呢？老板认为，巴拉吉和达维德的工作是设计车辆，而不是寻找适用于所有车辆的最优设计规则。“我们有专门的人改进设计流程，”老板解释道，“这是他们的工作，不是你们的。我真没想到你们会来给我提这种建议。你们有没有想过，万一这种方法没奏效呢？那时间就被浪费掉了，对团队影响也不好。你们的时间应该用在其他更有用的地方。”这两位工程师沮丧地回到了自己的工位。

在研究了近 30 家尝试实践实验方法的公司之后，我们发现，上述情况并不罕见。如果不具备良好的数字思维，即使那些了解数字实验优势的人，比如汽车公司的高级经理，也无法真正理解实验的价值和应用。我们还发现，像巴拉吉和达维德这样的员工，虽然本能地接纳和支持实验，但在向他人传达和推动自己的想法时却总是遇到困难。因此，为了建立健康的数字实验文化，团队或组织中每个人都需要具备数字思维。

实验的概念在商业领域并非新鲜事，但如此复杂、数据如此密集的实验也是近几年才开始涌现的。数字技术的发展需要软件、硬件和组织层面的紧密整合，产品和服务的联系也变得日益密切并且越来越依赖计算机和算法驱动。正因为如此，实验在数字时代变得更加复杂却也更加重要。最近的研究表明，拥有健康的数字实验文化的组织其增长速度至少是全球 GDP 的 8 倍。微软通过每月对必应搜索引擎进行持续实验和改进，年收入增长了 10% ~ 25%。曾与我们合作过的一家大型银行通过数字化实验来优化其金融产品，在两年内实现了 30% 的收入增长。

为了能够利用快速生成原型的能力和数据分析来改进内部工作流程、产品和服务，我们需要一种在实验中培养数字思维的文化。以下是培养数字思维的 4 种关键方法：

1. 创建学习计划，为实验设定基调，并为理解实验结果设立标准。

2. 将用户行为和系统日志产生的数字排放转化为数字足迹。通过系统分析这些数字足迹，可以为未来的实验设计提供指导。

3. 防止当前的组织结构（如各部门的工作分配方式）成为开展实验的障碍。

4. 打造能让员工有心理安全感的文化，鼓励并期待员工做实验，甚至是对实验过程本身进行实验和改进。

不管你有没有在做实验，这 4 种方法都很重要，并且它们会对我们的工作和生活产生重要影响。

创建学习计划

我们的同事，哈佛商学院的教授斯特凡·汤姆克（Stefan Thomke），是实验研究领域的最杰出的学者之一。他认为，当今数字时代的变革不仅发展迅速，而且影响范围很大，“实验精神”也因此变得异常重要。由于数字产品及服务的快速发展、多变的用户习惯，以及每年飞速增长的计算机算力和数据存储容量，客户、企业和市场也一直处于持续变化的状态。在这样的环境中，直觉和理论（二者的形成都需要长时间的积累）可能无法跟上变化的步伐，为我们提供准确的指导。

但实验也不能想一出是一出。创建学习计划可以帮助你确定实验目的，这样你就不至于盲目地尝试。学习计划包括创建学习计划文档，以及坦然面对失败。

实验要有目的

为了利用数字实验指导重要决策，我们需要在设计之初就明确实验目的，并选取评估实验结果的指标。

以多宝箱公司（Dropbox）为例，这家公司能够迅速发展，很大程度上都归功于创始人德鲁·休斯敦（Drew Houston）对数字实验的支持态度。早期，休斯敦在一个三分钟的视频里展示了多宝箱应用程序的界面和功能，然后将其发布到一个名为《黑客新闻》（*Hacker News*）的开发者在线论坛上，这个论坛在开发者中非常热门。他的问题是：哪些功能最能戳中用户？他之所以制作这个视频，是为了从潜在用户那里获得详细且可量化的反馈，了解他们对新产品的态度。

在这个过程中，需要保持开放的心态，接受那些与常规思维和最初直觉不符的发现。例如，多宝箱的数据分析师为了得出赠送给用户的免费存储空间的最佳大小，进行了 A/B 测试，并分析了用户当前的存储空间使用情况。通过综合分析不同数据，该公司发现提供免费空间的大小并不是其产品用户价值的最佳体现。因此，多宝箱减少了赠送给用户的存储空间，同时也降低了成本。

随着公司不断发展，休斯敦也努力将数字实验的理念融入公司文化。公司团队为了了解哪些因素能够吸引用户，进行了一系列实验，其中包括投放广告、采用联署营销计划、调整产品功能布局以及扩展产品范围。他们使用了 A/B 测试来优化页面布局。实验结果帮助该公司做出了许多关键的业务决策，不仅增加了客户数量，还降低了成本。

巴拉吉和达维德的老板之所以反对他们在公司现有的碰撞测试数据上进行实验，是因为他认为巴拉吉和达维德没有明确的实验目的，至少他们二人给老板的印象是这样的。他们虽然有着出色的想法，但没能清晰地阐述实验的合理性，也没有提出公司应该如何从实验中学习，而这也是学习计划的一部分。通过观察曾合作过的公司，我们发现，每一个最成功的实验都有一个学习计划。

创建学习计划文档

学习计划应是一篇不长的文档，其中包括：

- 你想得到答案的问题
- 为了得到答案而需要采取的实验步骤
- 通过该实验能够得到答案的原因
- 怎样评估实验是否达到预期结果

能够从数字实验中不断学习的人，往往在实验开始前就已经对以上问题心中有数了。提前创建学习计划非常重要，这关系到你是否要投入时间、精力和资源来做这个实验。不仅如此，你还能在这个过程中培养一种从实验中学习的数字思维。

欧莱雅的全媒体、战略投资和创意方案高级副总裁娜丁·麦克休（Nadine McHugh）是这样阐释在数字广告和数字营销实验方面的成功经验的：

> 我们只会对能够产生显著影响力的因素进行测试……为了朝着正确的方向发展并实现利益最大化，每个测试都必须有所谓的“学习计划”。其中包括想要解答的问题、希望得出的新发现以及具体的步骤。搞清楚了这一系列问题之后，我们就要考虑接下来推出什么样的广告活动，并选择最适合的品牌或产品对我们的假设进行测试。测试将从此时开始不断进行和改进。在这个过程中，我们将观察测试对一些重要指标的影响。比如，油管（YouTube）广告的重要指标可能包括广告可见度、覆盖范围、规模、品牌适应性和销售增长等因素。

欧莱雅集团成立于1909年，至今仍是世界上最成功的化妆品品牌之一。即使欧莱雅不是多宝箱这种21世纪的软件公司，它也能通过实验培养数字思维。欧莱雅对实验一直抱有积极的态度，在推出重要产品或大型促销活动之前，它都会先进行小规模的实验。通过这些实验，欧莱雅和色拉布、油管等平台一起合作创新，并且在30多个子品牌中都获得了回报。2016年，欧莱雅的子公司专业彩妆品牌逆色（NYX Professional Makeup）的销售额在两年内翻了两番，“巴黎欧莱雅”也连续三年被评为全球最有价值和最具影响力的化妆品品牌。

坦然面对失败

在大多数情况下，我们未必能从实验中得到理想的结果。成功固然令人欣喜，但从失败中学习更为重要。杨百翰大学的彼得·马德森（Peter

Madsen）和科罗拉多大学的威尼·德赛（Vinit Desai）分析了 1957—2004 年许多公司的数据，研究各公司从成功和失败中学习的时间段。研究结果显示，经历过实验失败的公司更有可能在未来取得更大的成功。更令人惊讶的是，他们发现，相比于顺利度过实验初期的公司，在该阶段失败的公司更有可能在未来取得成功。他们由此得出结论，“失败能够敦促公司在现有情况下做出改进，但成功显然起不到这个作用”。此外，他们还发现，所有在实验初期取得成功的公司在最后都没能复制这种成功。所以接受失败，并认识到失败的价值是至关重要的。所有被调查员工在实验开始前都制订了清晰的学习计划。这个计划帮助他们分析实验结果，并从中汲取经验，设计新的数字实验，解决实验初始阶段发现的问题。

将数字排放转化为数字足迹

微软傲客（Outlook）上发送的每一封电子邮件、斯莱克（Slack）上发布的每一条消息、瞩目（Zoom）中发起的每一个视频会议、吉维（Jive）上的每一次点赞、微软虚拟会议（Microsoft Teams）中组建的每一个团队，或者在特雷罗（Trello）中指派的每一个任务，所有这些行为都会被数字技术记录下来作为元数据。如果你是一个办公室白领，那么你会在线上进行超过一半的工作沟通，你会把线上会议的某一部分录下来，你还会花一些时间记录处理工作的方法。如果你是在新冠肺炎疫情暴发后才转向远程工作，那你应该知道，知识型的远程工作是通过数字技术实现的，你可以通过文本、音频和视频进行通信，并对数据和文档实时共享和编辑。事实上，新冠肺炎疫情在美国暴发后的一个月内，瞩目的日活跃用户数量增长了 67%，微软虚拟会议的日活跃用户数量从 2000 万增长到 4400 万，斯莱克增加了 7000 个新付费客户，高出之前两个季度大概 40%。从所有这些用户活动中捕获的元数据也在相应增长。

这些数字仅包括人们通过数字技术进行的交流和互动。如果再加上各种互联网活动以及持续攀升的电商交易量（仅 2019 年就有 19.2 亿人在线购物），以及社交媒体用户数量（截至 2020 年 1 月已达到 38 亿）和手机用户数量（截至 2019 年年底已达到 51.9 亿）。显而易见，我们生活中有海量的信息时刻被记录和存储为元数据。

这些元数据通常被称为数字排放，因为它们是其他活动，比如开会、计算、搜索、购物或聊天的副产物。举个例子，假设某天一位员工上班迟到（以 VPN 登录时间为准），在内网上工作时间异常短（以服务器时间戳为准），在会议中也寡言少语（以瞩目会话中的总发言时间为准），只看其中一条数字排放或许还看不出个什么所以然，但如果把这些数字排放放在一起看，再与其他员工的工作情况相比较，那么就可以推断出员工是否与公司脱节。

数字排放能派上大用场，所以了解它的工作原理以及在实验中的价值是培养数字思维的关键。我们在研究中记录了数字排放是如何帮助员工减少重复工作、推动创新、积累更准确的组织内部元知识 —— 即“谁知道什么”和“谁认识谁”，以及如何帮助更有效地分配工作。领导者可以通过收集和分析员工的数字排放推进知识高效转移，推动战略实施，通过人际网挖掘员工特长。

关注所有人的数字足迹

围绕实验开发数字思维意味着将数字排放组合起来，为员工、团队、子部门、产品或内部创新过程构建数字足迹。数字足迹是某个事物（比如一个团队或一个人）的数据集合，这些数字符号代表公司掌握的有关该事物的所有信息，常被用于预测该事物的行为。随着数字排放的不断增加，数字足迹也会持续更新。在培养数字思维的过程中，你会更了解自己的数字足迹，思考数字排放中包含的零散信息及用途。

人工智能和机器学习已经可以基于数字足迹做出有意义的预测，而这只是开始。过去很多公司都想做大规模的数据分析，但它们拥有的数据十分有限，因为大多数员工的行为都没有被记录和存储下来。而现如今，线上购物、交流和工作都会产生数字足迹，所以各个公司都掌握着海量数据，并利用算法来筛选员工、合作伙伴和客户。当然，在通过数字排放进行筛选的同时，对隐私的严格监管也必须得到重视。

在我们研究过的诸多公司里，技术较为先进的那一批已经开始利用人工智能将已有数据与新的数据集（如员工流动率和绩效）相结合，用以验证不同因素之间的相互作用。公司还可以通过这些测试进行自主学习，并对行为进行预测。在当今的数字时代中，实验的关键之一是学会利用机器学习和人工智能将数字排放转化为可用于预测未来行为的数字足迹。即使你不在这个实验团队，你的数字排放也可能成为实验的一部分。

如何描述数字排放

当巴拉吉和达维德向老板提出，要对汽车模拟实验产生的数字排放做进一步的实验时，他们并没有准确地描述自己的实验方法和可能得到的实验成果，否则，老板可能会明白，通过这个实验可以得出汽车设计的基本原则，而该原则会帮助他们改进汽车性能。

他们应该这样说：数字模型可以通过运行算法来模拟复杂环境的变化。这些精心设计的算法会根据特定假设处理接收的数据。“软件即服务”公司会从用户的在线活动中提取出行为模式，并将其输入模型。在制造硬件或模拟环境系统的汽车公司中，传感器（如加速度计、气压计和空气质量监测器）会收集模拟数据，然后将其转换为可以被分类和分析的电子数据。甚至还可以进一步转换为方程，代表对系统在不同条件下工作情况的假设。

随着时间的推移，产品和服务拥有的功能愈发复杂，且越来越多的产品和服务都被嵌入其他设备、系统或基础设施，因此数字模型要能够模拟复杂的非线性系统的动态变化，这是创新取得成功的关键。你不必深入理解“引擎盖下”的每一个数学知识，但了解创建模型的基本要素、输入的构成以及如何分析输出，将帮助你理解模型的工作原理。

数据可视化可以帮助大众理解复杂的数据。新冠肺炎疫情期间，你一定看过各家媒体发布的可视化图表，例如感染率、病毒传播情况和医院重症监护病房住院率等。这些图表也是基于医疗保健系统和政府收集的数百万条数据制作的。有三位经济学家想要了解不同群体是否使用以及如何使用美国政府发放的纾困支票。他们对十几家信用卡公司、咨询公司和金融服务公司的数字排放进行了数据分析，获得了有关消费支出、就业率、岗位招聘情况和其他经济指标的信息。注意，这些公司提供的数据都是“匿名”的。尽管这些数据排放来自数百万人，但该实验并没有涉及任何一个人的身份信息或账户信息。为了向非专业人士传达这些复杂的指标，他们发布了一个可互动的可视化图表。

隐私保护

越来越多的公司都开始利用算法来处理数字排放，我们必须要意识到，在这个过程中一些员工和客户可能会受到不公正的评价。远程工作产生的大量数字排放在改善组织行为的同时，也对维护工作场所公平和公正的系统、流程和制度产生了威胁。如何在受益的同时保障个人隐私，这也是人们持续关注的话题。社会上正在就如何规范公司对数字排放的使用展开讨论，包括制定相关法律和公共政策。各企业的隐私专家和内部合规人员也在努力协调，尽可能在实验利用数据排放的过程中保护员工隐私。说不定你所在的公司设立了专门的法律和人力资源部门，用于审查隐私政策，以及在隐私保护、员工权益和伦理原则等方面提出建议。培养数字化思维的过程中，我们需要认真考虑收集个人数据的后果，并积极与人力资源和其他相关部门合作保护个人隐私。

你需要知道的是，公司使用的大部分远程工作数字工具都是云端应用程序，并且由承包商托管。合同规定，这些承包商有访问部分或全部数字排放的权利。所以它们能够利用算法模型创建整个群体、组织或系统的数字足迹，并通过 AI 预测这些群体、组织或系统的行为。其他公司会从承包商处购买这些预测，用于市场营销和公司竞标。而承包商还可以利用这些数字足迹来改进技术，以便收集更多的数字排放。曾在哈佛商学院任过教授的萧珊娜·扎波夫（Shoshana Zuboff）曾经详细阐述了承包商如何将数字排放变现，以及如何利用数字足迹预测和塑造我们的行为。

不要让部门化扼杀实验精神

在数字时代来临之前，设计实验、运行实验和分析实验结果是由不同部门进行的。因为当时数据有限且很难获取，所以这一流程里的所有工作都是相当繁重的。而现在，A/B 测试和数字模型可以帮助我们获取大量的数据和数字排放。同时，运行实验的成本非常低，甚至可以忽略不计。如果你从事产品开发、广告制作或者正在与客户合作，那么你很快就可以开展实验了。

现在，运行实验的人已经变成了离产品和数据最近的人，这样做也是很合理的。然而，仍有许多公司并没有将实验工作从中央分析部门或研发部门转移到设计师、营销人员、工程师或经理手中，因为公司认为这些人的数字思维不够成熟。但也有人说，这样的公司很难实现实验的民主化。正如巴布森学院的教授詹姆斯·威尔逊（H. James Wilson）和华盛顿大学的教授凯文·德苏扎（Kevin Desouza）所说：“如果实验失去民主，就等于失去了 85%~90%的员工的知识和技能，因为他们根本接触不到实验。”

目前的组织架构并不利于实验的民主化。事实上它们大多数时候会导致实验的失败。为了了解数字实验部门化所带来的严重后果，我们需要再次深入探讨巴拉吉和达维德的案例。

采取主动，大胆尝试，注意安全

尽管上司已经在 3 个月前驳斥了他们的实验请求，达维德仍然对这个想法充满激情和期待。他说服巴拉吉加入，这样他们可以在晚上和周末做这项工作，也不需要老板的批准。“我本来很担心我们会因此惹上麻烦，”达维德回忆道，“但隐隐之中又觉得这样做是对的，而且我们是在私人时间里做的，所以应该也没那么糟糕。”像其他具有成熟数字思维的人一样，他们决定主动尝试。

达维德和巴拉吉搜集了各个部门进行的所有实验数据。他们还报名了一些在线课程，包括统计分析、机器学习和六西格玛设计（DFSS）。万事俱备之后，他们就开始着手做实验。

一个月后（达维德估计他们在这个项目上的实际时间约为 30 个工时），他们的分析表明，车辆前横梁确实存在最优设计方案。通过计算他们得出，如果在车辆设计之初就已经得知这个最优方案，他们其实可以省下至少 1.2 万个工时，而这些时间原本可以用来改进车辆的其他设计。

这个结果极大地鼓舞了达维德和巴拉吉，所以他们即使仍然有些胆怯，也还是和老板开了第二次会议。老板对他们仍然进行实验感到不满，不过他还是同意他们展示实验成果。“我对他们的成果感到非常惊讶。”老板说，“他们提出的设计参数虽然让人感觉很有道理，但毕竟不同于我们以前的传统做法。我简直不敢相信我们的内部数据能开发出这些功能。是他们的实验挖掘出了这些数据的潜力。之前确实是我错了，我不该认为他们得不到有价值的结果。”老板感到非常兴奋，并立即与高级工程副总裁安排了一次会议，讨论达维德和巴拉吉的新发现。达维德和巴拉吉也非常高兴，因为他们的老板终于看到并认可了他们的实验。

不幸的是，与高级工程副总裁的会议并不顺利。“会后，我非常沮丧。”巴拉吉说，“副总裁认为我们不应该在产品开发中做这种实验，因为这不是我们的工作。他觉得应该让负责分析和竞争比对的部门来评估车辆，并提出与设计参数有关的指导和建议。反正他的意思就是，每个人应该专注于自己的本职工作。”与巴拉吉和达维德的老板一样，这位副总也深陷传统思维，认为实验应该局限于一个部门。由于缺乏数字思维，他无法理解数字实验所蕴含的真正潜力，也无法理解最接近产品的人可以给实验带来的真正价值。

提防企业政治，学会正确应对

又是一年过去了，巴拉吉和达维德参加了由分析和竞争比对部门举办的公开会议。会上讨论了前横梁设计的话题。

在会议上，有一位名叫丹（Dan）的工程师介绍了一项名为“五星性能结构支撑”的研究结果。丹所在的部门负责购买竞争对手的车辆，拆解后分析它们的内部构造，从而得到对手的设计方案。丹提到，该部门在这项研究上花费了大约 450 万美元。

在演示中，丹展示了一张车辆的前横梁图片，该款车辆在政府安全碰撞实验中获得了五星评级，这个实验非常重要。纵观各个品牌的车辆，他们一致认为配备直线前横梁的车辆更好，因为这些横梁有一个长轴挤压区，可以在发生碰撞时延长能量吸收时间。在展示完竞争对手的前横梁后，丹又展示了自己公司的各个汽车平台。“我们打算在这里放一张涵盖所有横梁的照片。我们已经把这个消息告诉了工程副总裁，他将来会推动重大设计更改。”

丹的演示结束了，巴拉吉在离开房间时对达维德说：“我差点就要吐了。”丹的部门花了近 500 万美元购买汽车，然后又把它们拆掉，最终得出的结果却与达维德和巴拉吉得出的结论相同，而达维德和巴拉吉的成本为 0，耗时仅 30 小时，且只用到了公司的内部数据。更重要的是，丹的分析依赖于直线前横梁和五星级碰撞评级之间的相关性证据，而达维德和巴拉吉采用的方法则是基于数据，并且他们能够证明直线前横梁与五星级碰撞评级之间存在因果关系。

在培养数字思维的过程中，你所在的公司可能已经集中设立了分析和实验部门，这意味着离产品和数据最近的人反而得不到运行实验的许可。这并不是什么好消息，因为通常这些人做实验的速度最快、成本最低，而回报最高。根据我们的研究，具有成熟的实验思维的公司领导者一般采用了两种策略来解决这一问题：解散中央分析和实验部门，并激励离产品和数据最近的人自行进行实验，或者将中央部门转变为咨询部门，为工程、产品、营销和其他部门的员工提供资源，帮助他们开展实验和分析数据。尽管巴拉吉和达维德的努力遇到了许多挫折，但他们成功地改变了老板的观点，这也给我们带来了一些鼓舞。随着数字化转型的需求日益迫切，以及拥有数字思维的人日益增多，我们相信领导者迟早有一天会意识到组织需要适当的变革。

建立心理安全感

实验毕竟基于猜测，所以很多实验，或者说大多数实验，都注定会失败。学习计划可以帮助我们从失败中汲取宝贵经验，可即使知道这一点，还是有许多人选择不做实验，因为他们担心“失败”的实验会让他们和公司颜面扫地。一家大型计算机硬件公司的领导者表示：“我们手上有大量的数据，也有无数尝试新事物的机会，但我们对于实验仍然非常犹豫。毕竟如果失败了，别人会认为是我们没有事先做好充分准备。”如果高层领导对实验的态度都如此冷淡，那么员工对于实验的热情也会逐渐消散。我们调查了 10 家数码公司（总共收到超过 3000 份回复）后发现，人们抗拒实验的最主要原因是他们认为如果失败，公司对他们的评价会降低。

巴拉吉和达维德也正是因此，才不愿意向老板寻求实验许可。事实证明他们是正确的。虽然他们私下努力得来的实验结果改变了老板的想法，但在这之前，老板确实认为实验失败会对部门造成负面影响，也会间接地对他造成负面影响，所以否决了他们最开始的实验请求。

如果员工不愿意主动做实验，管理者和部门就无法获得这些最接近数据的人的宝贵见解。举个例子，曾与我们合作过的一家大型飞机制造商成立了一个由领域专家组成的新部门，主要负责提高产品开发效率。因为这些专家并非负责产品开发的工程师，所以我们让专家和工程师都向评审小组匿名提交各自的实验方案。经评审小组认定，工程师的方案更有前景，比专家的方案至少好三倍。但专家提交实验方案的意愿更高，比工程师高出五倍。越好的想法，人们却越不愿意提交。

可惜这家公司对于错过的机会并不感到惋惜。该公司的产品高级副总裁表示："对实验流程提建议是专家的工作，而不是工程师的工作。他们应该专注于自己的本职工作才对。"工程师们也明白了上级的意思。其中一位工程师说道："我不太愿意提出新实验，毕竟这不是我的本职工作。要是失败了，面子上可挂不住。"和巴拉吉与达维德有相似经历的人不在少数。

只有创造一种心理安全感十足的公司文化，员工才不会害怕丢面子或者害怕多做多错。来自哈佛商学院的埃米·埃德蒙森（Amy Edmondson）将心理安全感定义为："个人不受人际关系恐惧的阻碍。他们能够坦言自己的想法，也愿意并且有能力承担其中蕴含的风险。比起害怕分享敏感的、有风险的甚至是错误的想法（也就是和巴拉吉与达维德一样），他们更担心自己没有完全参与其中。"换句话说，如果经理、团队或公司积极鼓励员工分享敏感的、有风险的或者错误的想法，他们未来也会从中受益。

埃德蒙森曾经的一个研究，虽然并未涉及数字技术，但却很好地展示了心理安全文化对实验的重要性。她和同事研究了16家医院，这些医院都在尝试一种新型微创心脏手术（MICS），手术过程较为复杂。其中大约一半的医院成功执行了这项手术，大大降低了成本，患者完全康复的可能性也增加了。而剩下的医院则未能成功，所以还是继续采用之前的手术方式。手术成功的医院进行了大量的实验。护理团队与患者近距离接触最多，但在医院里地位较低。尽管如此，这些医院的主治医生还是鼓励并支持他们尝试不同的分工，寻找最适合这项手术的工具。有用的方法在团队里保留下来，而没用的方法则被摒弃。相比之下，手术失败的护理团队在工作时并没有得到足够的心理安全感，也不敢随意试错，所以他们只能在手术室里按常规流程工作，用旧方法来做新手术。

在快节奏的数字化环境中工作，心理安全对于鼓励员工进行实验尤为重要。2012 年，谷歌展开了一项名为“亚里士多德计划”的大规模研究，希望找出团队在开发新产品和改进流程方面取得成功的原因。经过两年的数据分析，谷歌发现更健康的团队提出并执行实验，以及失败之后重试的可能性更高。他们的心理安全感较高。我们在针对数字公司的研究中也有类似的发现。一位大型“软件即服务”公司的领导者说：“我们要求团队多尝试。不要局限于自己。没人知道到底什么方法会奏效，所以我们鼓励他们做实验，让数据说话。当然，他们肯定会经常犯错，他们的失败会比成功多得多。而我的职责就是让他们觉得失败没什么大不了。而且本来就该如此，只要能从失败中学习，他们就不用要求自己必须找到所有问题的答案，即使没找到答案，也不必害怕告诉我或者告诉团队。”

如何才能将心理安全融入数字思维呢？以下是几种方法。领导者先要设定基调。埃德蒙森研究中的外科医生和上文提到的“软件即服务”公司的领导者都在企业文化中明确表示：实验失败是很正常的。相比之下，巴拉吉与达维德的老板则认为失败会给团队带来负面影响。如果你在创建学习计划（如前文所述）时提供一个实验框架，让实验者清楚地展示自己将如何从失败中学习，团队就更容易接受失败并从失败中学习。而做到以上几点之后，失败的实验就不是失败了，而是一次难得的学习机会。将实验框架化，不是为了直接解决问题，而是为了给实验者提供学习机会。这一点对于支持和培养数字思维来说非常重要，因为数字思维包括参与实验所必需的信任和冒险精神。

许多数字公司将数据作为决策和流程改进的基础，因此评估心理安全感对这些公司来说通常是有用的。自“亚里士多德计划”结束以来，谷歌员工都会定期接受调查，评估个人的心理安全感，并与团队成员讨论评估结果。一家大型咨询公司的技术部门领导也表示：“我们每季度都会衡量员工的心理安全感，并向团队报告，这有助于我们了解心理状态。但更重要的是，大家通过公司的举措都能看出这一指标的重要性，并且明白每个人都应该给予足够的重视。”

完成 30% 目标
实验

鉴于数字时代的变革速度之快、影响之广，实验的重要性不言而喻。培养数字思维意味着认识到实验的意义，即从数据中提取价值，不断调整改进，积累学习经验。以下几条基本建议可以帮助你明确实验目的，挑选实验方法：

- 先要提出一个可被测试的假设，并明确说明实验理由和实验方法。
- 制订学习计划，其中包括问题概述、实验步骤以及结果评估标准。
- 如果实验失败，要学会从失败中获取教训，并在未来的实验中做出改进。
- 数字足迹是高质量实验的基础，可以从员工和客户使用数字工具时产生的海量数据中获取。
- 消除组织层面的障碍，向各部门团队提供资源和数据，并奖励积极实验的团队。
- 建立能让员工有心理安全感的文化，将实验视为学习机会，着重强调失败的宝贵价值。

无论你在组织中是什么级别，利用数据和数字工具进行实验都是至关重要的。如果你正在开发产品、制作广告或与客户合作，那么你完全可以进行某种快速实验。如果能在组织里建立起数字实验文化那就再好不过了，数字实验文化可以带来收入的增加和成本的降低，还可以促进创新以及提高员工满意度。

第7章

唯一的常态

引领组织数字化转型

随着数字技术的迅猛发展，深刻的变革像浪潮一样滚滚而来，数字化也将成为企业和公共服务部门提高竞争力和实现增长的基石。在这个过程中，机遇和风险并存。随着数字化浪潮一同冲击而来的是各行业竞争的加剧。我们需要新的工作技能、新的安全手段和新的商业模式。

——蒂埃里·布雷东（Thierry Bréton），

源讯（Atos）前首席执行官，欧盟内部市场专员

为了促进跨国IT巨头源讯转型为全球数字服务领导者，蒂埃里·布雷东制订了庞大而紧迫的计划。他形象地描述着当时的情况：数字浪潮正在各个行业的企业中涌动。没有人能置身事外。企业需要在本就不稳固的基础上从头开始建设，而源讯将为各公司提供蓝图。

这不是布雷东第一次提出如此有前瞻性的愿景。早在20多岁的时候，才成为科技企业家和政治顾问的布雷东就撰写了一系列小说，预示了网络安全将成为一个新领域。对他和源讯来说，真正的挑战在于战略和实施。作为一个拥有超过10万名员工的IT巨头，源讯到底应该怎样转型呢？对公司来说，“数字转型”到底意味着什么？我们向无数人提出过这些问题，得到的答案也不尽相同。一些人提议从模拟系统转向更强的数字化系统。其

他人则希望采用某些工具，如云计算或人工智能，来显著扩大规模或开发新的产品。但不管怎样，数字转型始终是我们调查的绝大多数公司关注的核心，即使是科技公司本身亦然。尽管已经过去这么多年，数字浪潮仍在不断涌动，且比以往任何时候都更加迅猛，影响范围也更加广泛。

我们将数字化转型定义为组织利用数据和数字技术（例如人工智能、机器学习和物联网）重新设计核心流程，培养新的竞争力，以适应不断变化的环境和需求。虽然区别于其他类型的组织改革，数字化转型的重要标志是所采用的技术，但我们也必须关注在支撑技术转型背后的心态转变。尽管心态的转型最终只能发生在个人身上，但整个组织可以在不同程度上支持这种转变。如果我们相信一个组织拥有“自己的思维”或“集体思维”，那么就应该考虑培养组织的数字思维。在数字化转型的过程中，我们首先应该通过所谓的视角转化来看待这个数字化的世界。在数字时代，变化绝非偶然，所以你也不能匆忙应对。你的技术、组织架构、企业文化和人员体系都处于过去和未来的交叉路口。但你永远都不会到达此刻你想要的未来，因为在你到达之前，情况又会发生新的变化。这就是我们所说的转型——你始终处于变化中。所以，数字环境中的领导者不能只是在变化发生时给出指示，而是要帮助你的同事、合作伙伴和客户为即将到来的变化做好充分的准备，并且意识到他们的生活和工作也处于不可避免的转变之中。

对正着力于数字化转型并且构想更长远的领导者和经理来说，本章将会尤为重要。对受到变革波及的人来说，本章也介绍了可能遇到的种种挑战，有助于促进全面数字化转型。组织中的每个人都至少要对幕后运作有所了解，同时还要知晓领导者如何通过决策来为企业提供支持。这样做不仅可以帮助你培养更完整的数字思维，也能提高你的工作能力。基于此目的，同时也考虑到提供领导者、经理和员工对新的数字工具和流程可能有不同的反应，我们将引入所谓的工作数字化过程（WDP）和接受方案（AF）。除此之外，我们还会详细说明组织如何帮助员工学习，以及如何通过内部学习提升员工技能。

接纳变化，提高适应性

在变革过程中，转型阶段至关重要。在这一阶段，组织要改变之前的结构、流程和文化准则。变革的中期阶段被称为“中间状态”。由于要接受新的观点和行为，人们在经历变化时常常会产生强烈的情绪。比如，一个非英语母语者在一家只能使用英语沟通的公司工作，那么他的转型期会非常具有挑战性。即使这个人是经理，他也有可能会怀疑自己的能力，或者担心因为对语言还不够精通导致自己或员工的生产力下降。他甚至可能改变自己对权威和决策的看法。当然，也可能不会。关键是，这个人希望经过这段充满挑战的时间，能够说一口流利的英语，他认为所有练习和努力总有结束的时候。在这种暂时的混沌中，无论在公司里处于什么地位，每个人都必须基于组织的过去和未来进行权衡和调整，直到转型完成。

然而，在当今的数字背景下，转型期永远不会结束。领导者必须带领员工不断地度过一个又一个转变。数字技术在不断变化，它对组织架构、工作职责、员工能力和客户需求的影响也是不断变化的。你刚学会用某个软件，这个软件又出了带有新功能的新版本。为了适应新的信息处理方式，你的部门只能经历重组，然而在第一次适应失败后又要接着重组。因为沟通媒介的变化，你的客户也增加了，而客户需求也随之发生改变。

变化是工作和生活中的常态，但数字技术使得变化的速度不断升级。由于变化的更迭是如此的迅速，受数字浪潮影响的我们也只能一直处于这个中间状态。领导者如果否认变化是常态，那么只会面临更多困难。

要想意识到数字化变革的持续性，各级领导者要勇于接受永不稳定的环境所带来的动态变化和不确定性。且仅仅适应这种转变还不够，你需要自身发展出适应性。你、你的同事或你的员工要像推动企业数字化转型的人工智能和机器学习算法一样，不断处理新数据，做数据分析，并利用分析结果完善自己的认知，为下一波数据到来做好准备。

数字化转型不是你要实现的目标，而是实现目标的手段。至于要实现什么目标以及如何实现，都由你说了算。人工智能无法察觉你在接受不确定性时需要多少帮助。机器学习也不会教你如何向团队成员或客户解释新的条款。总之，无论你在数字技术中的投入有多高，或者聘请了多少“数字专家”，你都无法获取适应性思维，只有靠你个人的努力才能养成。而且你也能够养成，只要你学会适应不确定性，并接受转型不会结束这一事实。虽然起初你会感到不自在甚至恐惧，但当你养成数字思维时，你就会逐渐适应数字化转型给持续学习带来的新体验。

转型需要过程

数字化转型不是一蹴而就的，不能直接派给管理层或组织中的某个部门来完成。有一家国际家电制造公司就经受过这方面的惨痛教训。公司曾请过一位经验丰富的高管来带领公司进行数字化转型，这位高管对整个公司展开调查，发现员工过于守旧且不愿改变，所以他创建了一个新的业务部，这个部门独立于总部存在，且员工都是数字人才。如果你是不愿意改变的员工之一，此时你可能会松一口气，然后像往常一样工作。

起初，这种做法的确奏效。由于数字技术具有速度和创新优势，新部门的产品交付很成功。可是这种成功脱离了实际，因为总部彻底混乱了。由于新部门的在线业务没有和总部的传统渠道进行整合，合作伙伴和客户对公司的抱怨铺天盖地。公司的业绩随之开始下降，这也加剧了部门之间的紧张关系。内部沟通破裂之后，新的数字业务部门也解体了。这位数字化高管上任只有短短 8 个月，却引发了公司内部的混乱。

技术不是该公司失败的原因。事实上，这个数字部门在独立运作时取得了立竿见影的成功。公司缺乏的是一个转型的过程。领导者没有花时间帮助公司内的每个员工培养数字思维，没有帮助他们消化转型带来的挫折和恐惧。领导者只顾着向外部寻求解决方案，并且希望过程越简单越好。

公司只能再试一次，这次公司选择了一位内部人员。这位员工非常了解公司的情况，并且具有良好的数字思维，而且她在各个部门都备受尊敬，大家都很佩服她的毅力、学习态度和很强的适应性。她首先对公司内的每个人进行了培训。不管是销售人员还是高管都接受了相应指导，并且对数字化转型的了解和意愿也逐步加深（而不会有对陌生事物的恐惧）。接下来她分别联系了每一位客户，理解每个客户的特定需求，并在此基础上对数字业务模式做出了相应的调整。在她的领导下，大多数员工都发展出了数字思维并且逐渐适应了这一转型。公司也成为行业里的数字领军者。

上面这个案例中的转型方法不仅帮助了蒂埃里·布雷东在公司范围内推动彻底的变革，同时还帮助客户适应这一过程，这是源讯公司成功完成双重数字转型的关键。虽然源讯是一个 IT 公司，但它在数字化转型中仍然需要帮助。这听起来可能令人感到惊讶，但佐证了我们的观点：变化不会停止而且会发生得很快。数字思维要求我们培养适应性。仅凭掌握某种技术根本不足以支持我们适应下一轮的变化。不管是源讯公司，还是接下来要提到的其他公司，都说明想要让组织充分实现自身和客户的数字目标，领导者在考虑转型策略时必须协调以下两点：

- 设计并对齐系统和流程
- 让员工适应数字组织文化

当然，这两点也会对彼此产生直接影响。在转型过程中，你的任务是在不断变化的环境中保持这两点的一致性。

设计并对齐系统和流程

数字思维要求我们的系统和流程有良好的设计，有利于内部对齐和相互支持。领导者需要重新组织团队，使其具备快速、灵活的特点，并且能够自我调节和协作。以下是两家公司的例子。

荷兰国际集团（ING）的首席执行官文森特·范·登·布格特（Vincent van den Boogert）认为荷兰国际集团必须进行根本性的转变。他发现公司内部当前不仅会议繁多、交接杂乱，而且官僚主义盛行。各个职能部门都出现了这些问题，导致数据和数字技术的利用效率很低。此外，没有任何一个职能团队，敢说自己可以对客户的方方面面负全责，这也可能导致潜在的问题。布格特决定彻底改革公司整体的运营模式。他首先将目光投向了硅谷，那里的数字公司（比如声破天、奈飞、谷歌和美捷步）已经建立了敏捷的工作流程。他确信荷兰国际集团不能仅仅提供银行服务，而是必须将客户体验本身作为商品。正如另一位高管所说，他们需要“去银行化”。为了提供新的客户体验，他们首先要进行重组。荷兰国际集团开始采用一种敏捷的跨职能团队结构，他们称之为“部落”。这种团队具有自主决策权，并且通过每日例会来解决所有紧急的客户需求，这样有助于增加透明度以及完成绩效目标。他们采纳了杰夫·贝索斯的“两张比萨法则”，即一个团队的规模应该小到两张比萨就能喂饱所有成员（即6人左右）。随着团队规模的缩小，新的团队角色出现了，而传统角色则被淘汰，其中包括中层管理人员。这些新角色需要培养成熟的数字思维，适应公司经过精简和数字化转型的新结构。

无独有偶，总部位于伦敦的国际快速消费品公司联合利华也在思考如何对其庞大的全球业务进行数字化转型。作为一家在190个国家制造和销售超过400种家庭必需品的跨国公司，联合利华想要成功转型，关键是平衡本地市场的特定要求和广泛的全球业务。与荷兰国际集团类似，联合利华也组建了敏捷团队，这些团队只专注于“最后一英里”[①]需求，并利用公司的数字能力支持不同国家的业务。联合利华的数字化转型执行副总裁，同时也是在公司工作了30年的资深员工拉胡尔·韦尔德（Rahul Welde）设计了一种敏捷团队结构，让成员在全球范围内保持分散，并且战略性地使

① 一英里约为1.61公里。这里“最后一英里”或“最后一公里”，指的是类似于“从家里走到电报局（一英里）去取电报”的过程，是最后环节，至关重要。

用数据，为快速变化的本地市场定制业务方案。在韦尔德的领导下，联合利华组建了 300 个十人敏捷团队，团队成员分布在全球各地，远程参与工作并且能够进行规模化运营。

韦尔德表示，这个策略包括三个方面：第一个方面是使用技术和工具消除全球与本地之间的差异，数字平台为品牌提供了与本地客户直接沟通的机会，规模也大幅增加；第二个方面是重新设计工作流程，以适应新的技术和工具；第三个方面和人有关，韦尔德最终认识到变革的推动者是人，仅仅过了 18 个月，联合利华就已经在全球部署了 3000 名敏捷团队成员。

跨越孤岛，整合数据

组织还必须采用过渡性的视角，来简化以前孤立的部门之间的沟通。美国生物技术公司莫德纳（Moderna）在 2020 年上了头条新闻，他们以惊人的速度推出了首批新冠疫苗。跨部门整合发挥了关键作用。该公司的联合创始人兼首席执行官斯蒂芬·班塞尔（Stéphane Bancel）将莫德纳称为一家“做生物科学的技术公司”。莫德纳体现了当前数字化转型的三个主要层面：第一个层面是其对海量数据的强大获取能力，这是该公司在开发疫苗和其他治疗方案方面的价值来源；第二个层面是其对云计算的依赖，云计算不仅更便宜，而且比自主搭建计算设备更快速和敏捷；第三个层面是其自动化能力，通过构建 AI 算法来执行研发过程，以实现无法通过人工方式实现的准确性和速度。

一直以来，大型制药公司在全球各地的分公司都是相互独立的，莫德纳却反其道而行之。该公司的不同团队之间会共享数据并进行实时合作。该公司负责生产流程的首席技术运营和质量官胡安·安德烈斯（Juan Andres）表示：“相比拥有复杂的数字工具或算法，更重要的是公司各个层面的统筹。技术的关键是统筹，而不仅仅是技术本身。”当莫德纳被委以开发疫苗的紧急任务时，因为公司内部统筹协调极为出色，所以他们的工作效率异常高。斯蒂芬·班塞尔在疫情暴发的五年前聘用马塞洛·达米亚尼（Marcello Damiani）负责公司的数字化和运营。班塞尔没有将数字化和运营这两个职位分开的原因是，“马塞洛必须负责流程的设计，因为数字化必须建立在流程完善的基础上。如果普通流程很糟糕，那么数字流程也会很糟糕。”由于莫德纳公司的系统和流程已经经过统筹，公司在研究疫苗时有一些现成的数字解决方案可供使用，同时他们还可以在公司内部构建新的解决方案，比如从头开始设计算法，或者为了从更专业的角度深入分析而调整现有算法。截至2020年春季，莫德纳已经使用了大约20个算法，还有另外20个正在研发中。统筹是开发这些算法的要素，同时也是迅速推出可用疫苗的关键。

找到合适的数字工具，并部署它

尽管在提高自身适应性的过程中，我们每个人形成了一套自己的数字思维，但想要使员工的数字思维发挥作用，领导者还需深刻地意识到，数字工具的部署方式才是数字转型的核心。想要带领公司不断转型，管理者必须深入参与数字工具的选择和实施，因为这些工具可以推动变革的进程。为此，管理者应该了解IT部门当下的可为与不可为。IT部门一直以来都很擅长部署大规模的企业级软件，并保证软件按照预期推动企业的数字化转型。对于定制工具（比如说ERP系统）的部署，IT部门仍然保留了这一职能。然而，如今大多数公司用于数字化转型的技术都是云端工具，这些工具不需要花费大力气部署，只需要供应商实时更新，更新过程通常也不会对用户造成干扰。在大多数的云部署过程中，如果你是职能经理、项目经理、主管或其他高级领导，你只需要购买许可，下载软件，然后就可以使用了，甚至都不用经过IT部门。不过事先说明，我们绝不是在主张完全排除IT部门的参与。不论是从成本、安全性，还是从可持续性上考虑，我们都有充分的理由让IT部门参与技术购买决策。但现实是残酷的，在很多情况下，部门或项目团队会直接选择和实施“软件即服务”解决方案，整个流程甚至都不会涉及IT部门。随机询问一名IT部门领导者，他都会告诉你，工作中最困难的部分就是找到部门的灵活性与公司规定之间的平衡。

作为管理者，部署和实施新的数字技术非常重要，因为这些新技术会直接促进人们执行任务的方式发生改变，甚至促进新的角色和责任产生（例如荷兰国际集团将自身重组为数百个十人敏捷团队），而且也会促进组织内部形成新的协作网络（例如莫德纳的集成系统和流程）。这些新的网络才是推动组织发展的真正因素。虽然一直以来都是IT部门负责提供技术支持，但定义新的角色和新的协作网络，以及重塑企业文化和目标的工作，最好还是由领导者来完成。

培养数字人才，建立适应数字化进程的企业文化

每个人都应该在规划转型时思考如何运用这些新的数字工具，因为这有助于我们培养转型所需的适应性思维。同样，每个人都应该了解工具的巨大潜力，意识到工具本身不是目的，而是促进组织变革和解决问题的手段。

换句话说，拥抱转型意味着改变组织的文化、价值观、规范、心态和行为。作为一名领导者，在推动转型和培养数字思维的过程中，你如何让人们清楚地认识到新的时代已经来临？或许，你应该首先采取大胆的举措，引起组织成员的关注，让他们意识到组织需要新的发展方向。这些大胆的举措可以是：重大重组、收购、重新分配资源、聘请数字转型专家（并让他们直接向首席执行官汇报）、停用旧系统或者强制要求员工在一定时间内学会编程。采取大胆的举措之后，必须紧接着开始长征，即有组织地、持续地采用新的工作流程，并培养新的行为模式。

从灰心丧气到备受启发

大胆的举措很有必要，但并不足以帮助你获得认同。任何变革都会引发焦虑。在数字化变革中，你、你的同事或你的员工不仅会对即将到来的未知环境感到担忧，还会担心自己是否能够学会并应用所需的技术知识。毕竟如果想要在未来的工作中表现出色，这种能力是不可或缺的。不论是技术人员还是非技术人员都免不了受到这种焦虑的影响。正如我们在之前的章节中所提到的，有些工程师可能也不具备相关的技术。

在此我们向你推荐一个操作框架。这个框架看似简单，却已经帮助了许多公司的领导者影响员工的行为，让他们有动力在转型项目中学习新技能。

我相信数字化转型对个人和组织都有益处吗？如果想要在转型后的组织中取得成功，我能否学会我所需的知识？

将这两个问题的不同答案分别组合，就可以得出四种常见的员工反应（见图 7–1）以及对应的转型措施。

我是否认同数字化转型？ \ 我能否学会数字化技能？	低	高
高	**灰心丧气** “如果我掌握数字化技能，我和公司确实会从中受益，但我不相信自己能做到”	**备受启发** “我能够学会数字化技能，这样我和公司都能从中受益”
低	**不情不愿** “我学不会数字化技能，而且我和公司都无法从中受益”	**漠不关心** “我能学会数字化技能，但是我和公司并不能从中受益”

图 7–1　数字化转型中员工的四种反应

这个矩阵可以帮管理者了解团队成员目前的心理状态。在最理想的情况下，成员的心理状态应该和矩阵右上象限一致，即令他们“备受启发”，相信自己有能力学习数字化相关内容，并且期待改变的到来。当然，产生每种反应的人数肯定各不相同。

好消息是，领导者和管理者可以帮助员工调整自己的心理状态。要让他们从不情不愿转变为动力满满，先要让每个人相信自己和组织能够从数字化技能中受益，从而增强员工的认同感。以下三种途径有助于增强认同感：

- 领导层加强信号，强调数字化转型对于公司的重要性。
- 在公司内部进行推广宣传，帮助员工了解数字技术潜藏的巨大潜力。
- 转变员工的身份认同，即让员工看到自己为数字化进程所做的贡献。

建立好员工认同后，领导者应该增强员工的个人信心，让他们感到动力满满。以下三点有助于增强学习数字技能的信心：

- 与数字技术相关的过往经验（学习经验、工作经验和职业经验均可）往往能够在数字化转型过程中增强信心。
- 他人的间接经验（比如同事或经理的经验）也会增强对个人能力的信心。
- 经理和高层的劝说与鼓励可以增强员工的信心。

技能升级

想要进入数字化时代，雇用经过数字化培训的员工的确是可行之策，但是由于各家公司都在激烈争夺人才，只靠招聘来实现目标是不现实的。我们还需要针对公司已有人才进行技能升级，把他们培养成公司需要的新人才。

现在我们将目光转回源讯的蒂埃里·布雷东。在担任首席执行官的前几年，他致力于扩大公司规模，使其发展为一个庞大的全球性企业，同时在系统集成、云计算、大数据、网络安全等 IT 专业领域拥有了超过 10 万名员工。这一系列举措的目的是抵御大量来自硅谷、印度等地的竞争对手的冲击，而这些竞争对手中有相当一部分诞生之初就是以数字化为基础的。也就是说，当布雷东接手源讯时，该公司尚未将人工智能和其他数据驱动的服务整合到其业务流程中，而竞争对手早已制定好了数字化战略，并且他们的员工从一开始就具备数字思维和专业知识。

仅靠获取新技能，不足以支持布雷东及其公司提高竞争力。于是他迅速采取行动，针对相当一部分员工进行技能升级。这些员工大多只熟悉传统老旧的 IT 系统，但缺乏数字化环境要求的新能力。数字成熟指的是“不断适应持续变化的数字领域的过程”。根据某项对 40 家公司的调查显示，源讯作为一家深耕 IT 行业的公司，在数字成熟度方面却只排在了第 39 位。这个为期 3 年的技能升级计划要求员工在培训课程中学习新的技能，有时甚至不惜中断员工的日常工作，可以说是非常激进并有野心。

但其他公司高层却对此持反对意见，他们坚信员工唯一有效的学习途径只有通过工作本身。除此之外，关于需要进行数字化培训的员工数量和人选也是分歧不断。眼看着竞争对手的市场份额不断增加，经过一番激烈辩论后，布雷东决定创建一个数字化转型工厂，为员工提供技能升级的认证。该计划的目标是培训约 3.5 万人，培训对象包括技术和非技术人员，且会涵盖大数据、人工智能、混合云、业务加速器和网络安全等数字技术和领域。

员工可以自行选择是否参加这个项目。为了激励员工培养数字思维，公司在内部举行了大规模的宣传与推广。此外还引入了同事和管理层提名制度，并设立了一系列奖励，以表彰员工在技能认证过程中达成的各种里程碑。这是因为公司相信，自愿参加的员工才更有可能理解并运用所学技能，并且愿意为了适应数字化时代主动调整自己的行为。公司各级高管也会鼓励培训，或者向员工表明自己的具体需求。例如，一位高管对他的团队表示，他需要懂网络安全的人，然后询问谁有兴趣接受该领域的培训。大约有 250 人举手表示有兴趣，其中 80 人参与了培训，并最终成为网络安全专家。

该公司在源讯大学学院（Atos University Academy）下创办了一整套认证课程。这些课程由源讯与谷歌、易安信（EMC）、微软、思爱普（SAP）等重量级公司以及大学、企业培训机构合作设计，并且在线上进行，所以任何员工无论身处何地都可以参加课程。此外，教学内容覆盖了各个岗位，不仅包括技术工程师和数据科学家，还包括了销售和市场营销这些对技术要求不高的岗位。每门课程平均需要 4~8 周，每周大约为 5~16 小时的学习时间。例如，混合云架构师认证课程为期 2 个月，大概会花费 60~80 小时。课后作业包括 4 个案例研究、1 次笔试和 2 次实验。对于销售等非技术员工，学院则会提供数字认知课程，分为以下 4 个类别：云计算、业务加速器、数字化工作场所规范和网络安全。其中一门课程名为“网络安全领域和源讯所扮演的角色”，另一门课程是数字工作场所类别中的“物联网解决方案”。

在不到 3 年的时间里，源讯大学学院已完成了超过 7 万个数字认证。每位源讯员工都可以根据自己的职能参加量身定制的认证项目。源讯的领导层也意识到，人们之所以积极获取认证，是因为他们的工作都或多或少地涉及数字科技。例如，销售人员需要精通云计算或网络安全。项目经理虽然不需要深入理解数字技术的工作原理，但应该掌握这些技术的功能和应用。工程师或数据分析师这样的技术角色则需要以与过去对传统技术要求相同的专业知识水平来理解和操作新的数字技术。没过多久，大家都清楚地意识到，通过数字认证可以培养数字思维，这种思维有助于与公司建立关联以及获得晋升机会。管理层也受到鼓舞，积极参加相关课程，增强自己对数字产品的总体认识，尤其是了解数字时代的领导力。

当然，源讯不是唯一注重技能升级的公司，甚至连许多科技公司都很早意识到了培训员工数字技能的重要性。随着谷歌从个人电脑端优先转向移动端优先，后来又转向数字思维，技能也必须进行相应的升级，尤其是对工程师而言。因此，它推出了一个名为“和谷歌 AI 一起学习”（Learn with Google AI）的培训项目，用于快速普及机器学习。仅仅过了两年，谷歌就在全球培训了超过 1.8 万名员工，占其工程师总数的 1/3。而线上零售巨头亚马逊在意识到科技即将颠覆员工的工作方式之后，决定投入超过 7 亿美元，用于其 1/3 的美国员工的再培训，帮助他们更好地应对数字转型。

员工培训的关键

想要成功开展员工培训并提升员工的数字技能，你可以参考以下六点：

1. 在公司层面设定目标。
2. 培训内容必须涵盖公司的不同岗位。
3. 优先采取线上培训，提高课程灵活度，方便员工学习。
4. 通过内部宣传、名额推荐和奖励机制激励员工学习。
5. 为管理层提供数字化培训，加强他们对数字产品的了解，同时也能够以身作则激励员工参与。
6. 鼓励公司内部项目使用数字技术和工具，方便直接应用于实际业务。

需要注意的是，组织必须决定应该让员工自愿参与还是强制员工参与。在某些公司、行业甚至国家，强制学习可能是更好的选择。例如，日本电商平台乐天集团的三木谷浩史在数字化转型中就要求公司所有员工都学习编程。大概 10 年前，他也对日本总部的员工提出过类似的要求，让所有员工在日常工作中使用英语，他将这一举措称为“英语化”（Englishnization）。对乐天集团这样的公司来说，强制性且有时间期限的学习计划是行之有效的。每个组织在培养员工必需的数字技能时，需要结合自身具体情况考虑。

奥托沃克斯：引领数字化转型

工作数字化是引领数字化转型的途径之一，它包括如图 7–2 所示的 6 个阶段：

> 转型过程需要自然展开，你可以从终点开始规划，即明确你想通过数字工具实现业绩目标，基于此目标进行逆向规划，并确保员工愿意接纳你的计划。

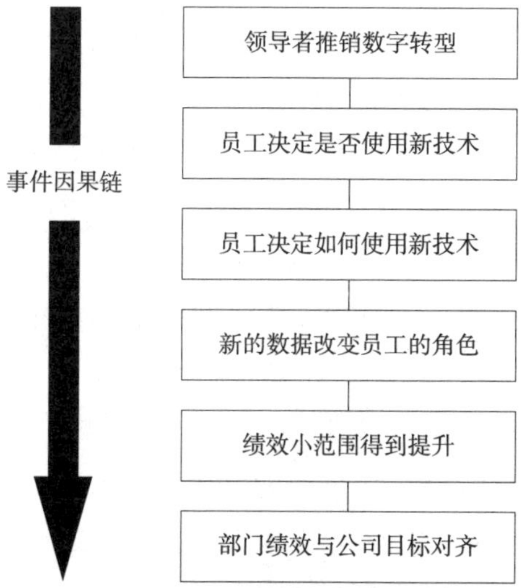

图 7–2　规划公司的数字化转型

资料来源：摘自 P. Leonardi, "You're Going Digital—Now What?" MIT Sloan Management Review（Winter 2020）.

为了详细说明工作数字化的各个阶段，我们将以奥托沃克斯（Autoworks，欧洲的一家汽车行业公司）—— 作为示例。与巴拉吉和达维德的公司不同，该公司使用工作数字化来推进数字化转型。选取汽车公司作为研究对象，是因为它们的实体产品非常复杂，而且它们也一直处于数字化转型的前沿。

我们将在下文中描述数字化转型落地过程中经常遇到的情况，然后展示如何通过逆向规划实现可持续的数字化转型。逆向规划指的是一步步从目标到出发点倒着规划，从而设定宏观的企业目标。

数字化转型在启动之初需要详细的实施计划，其中包括融资转型、通过公司重组提高敏捷性以充分利用数字工具、通过数据洞察提供更加个性化的产品、缩短上市时间等措施。

阶段一：领导者推销数字转型

如果没有一众员工的支持，任何重大的变革都无法成功。因此，领导者首先要做的是向员工解释数字化转型的好处。

奥托沃克斯公司的领导者就深谙此道。奥托沃克斯公司在 2005 年前后开始了数字化转型，当时该公司的目标之一是加快产品开发速度，同时在资源密集型领域降低成本。奥托沃克斯的高层领导急于开始，于是便升级了公司的超级计算中心，并获得了大量数字设计应用的授权。首席执行官也当即宣布："我们马上就会成为一家数字化公司。"

高级领导者明确表达了对变革的期待。使用数字化技术进行性能测试意味着产品开发速度更快、开发成本也更低。"更快、更便宜"成了数字化转型的口号。不论是在员工会议、部门会议、培训会、研讨会、全体大会，还是日常工作中，这个口号都在被不停地重复着。

研究表明，当高级领导者公开传达公司目标并提出大胆举措时，员工会认真倾听。从早期开始，这样的宣示会创造参考框架，供人们理解要求他们实施哪些技术。如果你问奥托沃克斯公司的员工如何判断新的数字工具有没有给公司带来变革，他们会（而且他们也确实经常这样）回答："当它们帮助我更快、更便宜地建造仿真模型时，我们自然就判断出来了。"

阶段二：员工决定是否使用新技术

在宣示和培训后，领导者们非常希望员工能够将工作迁移到新的应用程序上。但是也不能确保每个员工都会按照预期去做。在奥托沃克斯，大约 40% 的员工决定不使用新的应用程序，即使直系上司强制要求也不行。

这并不是个小数目。事实上，这些人已经对数字化转型造成了阻碍。所以此时领导者们必须搞清楚员工们拒绝使用新技术的原因。我们发现，员工们在做决定时会考虑技术能否帮助他们个人实现公司的目标。也就是说，奥托沃克斯的工程师们会问自己："这个软件可以帮我更快、更便宜地造车吗？"

事实证明，并不是所有人都相信新技术。"更快、更便宜"的现实含义远比领导者们想的要复杂。这个口号让人们无形中将新工具和自己熟知且较为高效的传统工具进行对比，毕竟口号中提到了"更"，而在语法上这属于比较级。顶级工程师在早期也正是这样做的，他们在比较完新工具和旧工具之后，认为新工具实际上会拖慢工作进度。虽然他们也能看出新工具在其他方面对公司来说有着明显优势，但鉴于新工具对他们个人来说没有做到"更快、更便宜"，他们仍然决定不采用。这些工程师认为为了公司的利益，最好还是让他们继续用原来的工具。更糟糕的是，早期试验新工具的是公司的顶级工程师，他们的负面评价在工程师内部造成了很大的影响。其他工程师纷纷表示，如果这几位位高权重的工程师不看好新软件的话，那他们就没什么尝试的必要了。

当然，高层确实将"更快、更便宜"作为公司数字化转型的总体目标。他们没有考虑到的是，这几个字会在员工中出现不同的解读，并影响他们的决策过程。这也说明了为什么高层在措辞时必须格外谨慎。如果高层的说法与实际情况不符，那么他们看重的新技术就很难如愿落地。

阶段三：员工决定如何使用新技术

先忽略那些对新技术持反对意见的人，其他乐意接受新技术的员工也将面临第二个挑战：如何使用。大部分数字技术在工作中都通常有多种实现方式可供选择。在数字化转型中，选择实现哪些功能可能会产生深远的影响，因为它们与数据的收集、生成、分析和使用息息相关。

奥托沃克斯的领导者认为，设计流程数字化的核心收益在于设计的过程将以数据的形式留存。工程师们可以通过模拟工具运行上千甚至上万次碰撞、噪声、振动等测试。在比较这些测试结果之后，工程师可以对汽车设计进行优化，且优化的颗粒度、精细程度比起用假人测试碰撞几十次可强多了。至少，理论上来说是这样。

我们对两个部门进行了为期一年的跟踪调查，这两个部门都采用相同的数字工具进行自动化仿真以辅助设计。其中一个部门的工程师根据个人偏好选择如何使用工具，每个人都不尽相同。另一个部门的所有工程师则有一套统一的数据工具使用规范。调查接近尾声时，第二个部门研发的车辆性能超出了第一个部门的一倍。遵守相同流程的工程师们收集到的数据也较为统一，更有利于分析有效性。第一个部门虽然得到的数据更多，但是这些数据背后的假设和实验设计各不相同。如果公司内各部门、各员工使用数据工具的方式各自为政、八仙过海，公司就很难推出一套最佳实践，以最大化采用数据工具的价值。数字科技的核心价值是创造有助于提高效率、帮助员工学习的数据，保持使用方式的一致性至关重要。

阶段四：新的数据改变员工的角色

在数字化开始之前，奥托沃克斯进行车辆测试的标准流程是这样的：工程师进行碰撞测试和其他模拟测试收集数据，将数据交给数据分析部门，分析师再从中总结出好的车辆设计。在这个过程中，既有工程师，也有分析师，而且两者的职能泾渭分明。

刚刚我们提到了统一数字工具使用方式的工程师。由于他们得到的数据可以用于比对，所以这些工程师的工作内容也发生了改变，除了原来的工程工作以外，他们也逐渐开始做分析相关的工作。这也不难解释，毕竟他们可以看到测试结果，还可以从整体上检查结果。除此之外，他们还开始互相讨论测试结果，并一起思考。正如一位工程师所言："现在我们已经数字化了，我们作为设计工程师的角色正在发生变化。"设计工程师们不再像以前那样各自为政，然后将分析工作交给同样孤立的数据分析部门，而是内部也开始互相协作、开展一些数据分析。

一些"按部就班"的管理者仍然坚持将分析师和工程师的职能分隔开来。但是在数字化转型的过程中，不可避免地产生了越来越多有用的数据，这也改变了员工的工作职责，员工的角色和关系也随之发生变化。本质上，不同角色之间的关系是一套基于数据的关系。当人们拥有了新的数据和信息时，他们就会开始担任新的角色，这就意味着与他们交互的人也会必然发生改变。其结果就是新的社交网络在逐渐形成，尽管最初可能并不明显。而一些研究显示，这些强大的新网络就是推动数字化转型的关键因素之一。

阶段五：绩效小范围得到提升

在数字化转型的过程中，领导者的目标通常和员工实际体验到的转型收益存在着分歧。

当奥托沃克斯的工程师们开始高效使用新的数字工具，并与新的社交网络中的其他人进行结果比对时，他们开始感受到非常切实的收益。例如，他们会发现，优化关键性能（如碰撞安全性和燃油经济性）变得越来越容易。

从测试到最终敲定设计的流程也得到了显著改进。事实上，根据我们的分析，比起没有转换工作角色的工程师，将数据分析纳入工作内容并且和其他工程师展开讨论的工程师在车辆设计上的速度快了 23%，同时实验室测试数量也节省了 31%。

这确实是领导者一直期待的效果。不过这里还是存在着两个重要的限制：第一个当然是有 40% 的工程师一开始拒绝使用新软件，因为他们不觉得这个软件真的做到了"更快、更便宜"；第二个是，其他工程师之所以能实现“更快、更便宜”，是因为他们只关注和自己相关的指标，比如“设计质量的提升”。如果高管们早期注意自己的措辞，让目标与工程师的日常工作体验产生共鸣，可能会有更多工程师愿意尽早采用新的数字工具，这样自然也会得到更显著的成效。

阶段六：部门绩效与公司目标对齐

数字化转型想要成功推行，利用技术改进部门流程和结果，从而实现企业的重点目标是其关键。

奥托沃克斯公司专注在车辆设计这一环节进行数字化转型，是因为长达 20 年的统计分析证明，车辆的设计环节，和供应链、合规处理、制造效率一起，是影响一款汽车从概念到面市时间的最为核心的因素。从概念到面市的时间越短，意味着越高的销量。

毋庸置疑的是，公司对技术所实现的“更快、更便宜”感到十分满意。不过奥托沃克斯公司并没有就此止步，相反，他们更深入地分析了这些成效是如何达成的。正是在这个过程中，他们发现新软件发掘出了社交网络的非凡价值：工程师们花在讨论车辆设计上的时间是花在建模上的三倍，而这也大大减少了后期返工的工作量。当然，新软件本身对于加快工程师交付起到了关键作用，但由软件赋能的线上讨论进一步加速了这一过程。

奥托沃克斯的最佳实践

通过对自身数字化转型成功经验的深度复盘，奥托沃克斯公司提炼出两条重要经验，甚至可能在未来几年带来进一步的提升：一条是关于规划的过程，另一条围绕参与规划的人员。

逆向规划

刚刚提到的6个阶段展示了数字化转型中公司内部会发生的转变。现在我们要开始学习如何结合这6个阶段为你的公司转型进行规划。转型过程的每个阶段都可能出现差池，所以我们必须以每个人的经验为核心来进行规划（见图7–3）。

转型过程需要自然展开，你可以从终点开始规划，即明确你想通过数字工具实现的业绩目标，基于此目标进行逆向规划，并确保员工愿意接纳你的计划。

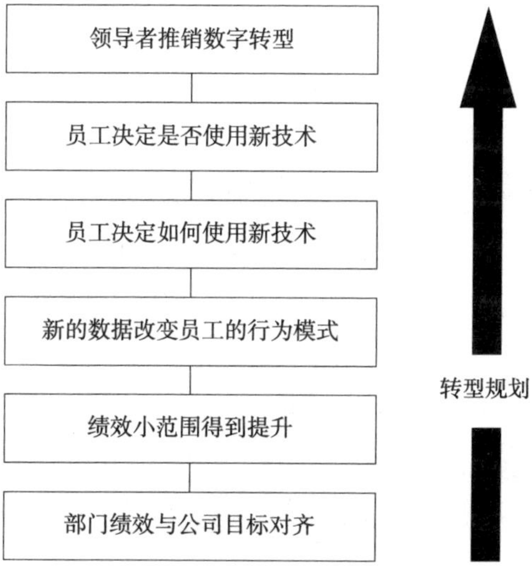

图7–3　逆向规划公司的数字化转型

资料来源：摘自P. Leonardi, "You're Going Digital—Now What?" MIT Sloan Management Review（Winter 2020）.

以终为始和逆向规划是其中的关键。一种方法是找出转型潜力最大的具体业务，这将决定数字工具的选择和数字化转型的方向。为此，组织需要收集和分析内部数据，明确哪些业务对于推动组织目标更为重要，然后从中找到一个能够通过数字工具进行针对性改进的领域。在这个过程中，组织必须持续收集数据，用于评估当前的成效，以及确定组织内的行为是否有所帮助。

环境的营造也同样重要，对齐工作需要做好，让所有人都能通过数字化更好地达成自己的目标，尤其是在他们的工作职责和角色都发生转变的时候。为了促进这种环境的形成，领导者可以了解内部的信息流动方式，同时调整不利于员工适应变化的制度。一些分析、诊断工作，如分析组织内部的社交网络，尤其有效。通过类似的分析，可以得知员工的社交圈、社交方式以及可能出现的新群组。除此之外，还可以反过来帮助高层促进工作角色的适当转换并且找出能够推动变革的关键因素。

招募具备数字思维的意见领袖

公司应该鼓励具备成熟的数字思维的员工发挥榜样的力量，引领那些抗拒该改变的人。除此之外，还应投入时间与意见领袖探讨符合期望的转型，毕竟他们很受其他员工信任。通过探讨可以了解大家普遍关注的问题以及改进的想法。最终你还应该请这些意见领袖传达变革的好处。因为意见领袖备受大家信赖，所以他们的积极态度可以显著提高大家对于变革和新技术的接受意愿。

在推动数字转型时，必须清楚地向技术使用者传达可能获得的好处，否则很难在早期获得急需的支持，甚至可能造成大家对数字化转型的误解。虽然很多人都支持变革，但是仍然有很多人拒绝使用新技术，因为他们认为现有的技术更有利于目标的实现。人们总会找各种各样的理由拒绝改变。举个例子，如果已经明确表示转型的目标是让工作流程更快、成本更低，有些人就会觉得已经熟练掌握的工具才是最好的选择。此外，即使是能很快接受数字工具的群体，如果没有在使用方式上达成统一，也会导致新技术以及其产生的数据的效果不及预期。

学会持续学习

面对数字经济的万千变化，持续学习对于个人和组织的必要性不言而喻，员工自主性、个性化课程以及心理安全感是营造持续学习氛围的关键。毋庸置疑的一点是，上述条件必须与数字技术（尤其是人工智能和云技术）和有效的领导力相结合、相协调。

推动持续学习的关键是培养学习者的自主性，让他们自己主导学习过程。也就是说，学习必须是去中心化的，每个人应该为自己的学习负责。声破天的员工就是这样做的。不过为了体现对能力的重视，声破天还设立了一个名为温室（GreenHouse）的学习与发展团队，给员工提供强有力的支持。该团队希望像温室一样，通过浇水和施肥促进员工成长。他们也明白，为了促进自主学习，让员工轻松找到在线学习单元也很重要。声破天专门构建了一个内部学习平台，该平台也具有社交媒体属性（类比照片墙）和娱乐功能。飞利浦等公司也采用了类似的学习播放列表。员工可以与同事分享个人定制的播放列表，自下而上增强知识交流。组织想要通过持续学习来适应挑战和变化，最终还是得靠员工参与学习的积极性和承诺。为了保证持续学习，学习者必须具备内在自驱力。

个性化课程是持续学习的核心。个性化课程不同于通用培训课程，它是根据每个人的工作角色和职能的要求来设计的，并不适用于所有员工。例如，软件工程师学习新的编程语言，销售人员学习与云计算或网络安全等技术有关的企业发展策略。基于人工智能的学习体验平台（LXP）可以根据个人的学习节奏和需求调整学习内容，从而使课程进一步个性化。有些学习者喜欢在快节奏的课程中保持头脑高度活跃，并积极表现。而有些学习者可能需要以较慢的节奏消化课程内容。学习者取得进步之后将获得微认证，即某个数字技能的认证或徽章（例如，“Python 网络爬虫”），而获得这些证书所需的时间比上大学要短得多。个性化学习有时会让人感到孤独，为了缓解这一情绪，澳大利亚最大的银行之一西太平洋银行（Westpac）还鼓励志同道合的人建立社群。

持续学习代表着教育和职业发展的新范式（详见附录中的示例）。它本质上是动态的，而传统模式则是针对固定的角色为整个职业生涯提供固定的技能培训。所有成功的持续学习案例的共同特点是它们都融合了多种方法，根据员工的自主性和灵活性要求进行个性化安排。美国第一资本投资国际集团为其软件工程团队提供了多种学习选择，包括在线课程、面对面研讨会、集训营以及外聘专家课程。除了在内部大学提供技术课程以外，美国第一资本投资国际集团还与大型远程学习机构开展了合作。

为了让员工能够在接下来的职业生涯里打破专业的限制，学习新的技能，领导者必须在公司里提升员工心理安全感，鼓励员工积极探索，不惧失败。理想情况通常是，领导者把自己的失败当作榜样，比如声破天公司就是这样做的。无独有偶，在线旅行和住宿代理商缤客网打造了一种独特的持续学习环境，允许员工在公司内尝试与本职工作截然不同的工作角色。当然，作为初学者，他们在新角色上可能无法快速达到以前的熟练程度。金·多斯·桑托斯（Kim dos Santos）最初在人力资源部门工作。由于对设计十分感兴趣，他参加了公司的用户体验设计课程。尽管他在加入公司之前没有接触过任何与用户体验相关的工作，但由于在学习中不断进步，他最终被公司聘用为用户体验设计师。

一直以来，领导力和员工发展对组织的绩效和稳定性都至关重要。但由于数字经济的技术迭代速度太快了，持续学习也成了实现这些目标的必要条件。我们既要培养能够指导经验不足的员工的领导者，也要提供公司内晋升和流动的途径，这两者都至关重要。例如，在美国电话电报公司，领导者不仅提供精神支持，还提供战略建议、诚实反馈和鼓励。椰普作为早期采用持续学习的公司，也鼓励管理者贯彻“领导者即教育者”的原则。椰普在公司内部通过多种方式促进横向学习以及思维和信息的交流。工程团队会定期邀请演讲嘉宾（通常来自公司内部）共进午餐，这样做既促进了协作，又促进了成长。这不是一项正式活动，且参加全凭自愿，但它给员工提供了一个与从未曾见过的同事互相学习或者只是认识一下的机会。工程师能否通过为期两天的黑客马拉松产出一些创新，取决于团队成员是否能够从彼此身上学习。当然，这也是结识新人的机会。

鼓励持续学习的关键是集中一切资源支持员工学习和尝试新事物。对学习环境和员工的学习需求都应给予关注，它们与新知识和新技能一样重要。

确切地说，正是数字化本身让这一切成为可能。它为员工提供了线上学习、个性化学习和自主学习的技术基础。

完成 30% 目标
准备好迎接持续变化

数字化转型是指，为了适应当今的数据和数字技术（包括人工智能、机器学习和物联网），组织需要重新设计其底层架构和工作流程。数字化转型做不到一劳永逸，因为在转型过程中数字技术也在持续变化。你要做的不仅仅是适应某个变化，而是要培养自主适应性。领导者可以重点强调以下的思维模式和策略：

- 团队必须具备敏捷、自主和协作这三个特质。沟通必须快速有效，才能跟上数字化转型的速度。
- 团队的每个成员都必须明确如何选择、为什么选择、何时选择数字工具，以及哪些数字工具与团队战略目标一致。熟练掌握技术将不只局限于公司的 IT 团队。
- 逆向思考：先确定战略目标，再寻找合适的数字解决方案。然后向团队成员展示解决方案如何实现团队目标，并获得成员的支持。这是数字化工作的过程。

- 克服学习障碍：开展培训会、设立新目标、招募具备数字思维的意见领袖来推动变革。
- 用“新技术采用框架”将数字变革的挫折感转化为灵感。在该框架下，团队成员首先必须问自己两个问题：我是否接纳了变革？我是否有学习能力？为了使员工的答案从“否”变为“是”，你需要强调数字化转型对组织的重要性、每个员工在此过程中扮演的关键角色以及你对他们学习能力的信心。
- 为了实现并长期保持持续学习，学习者必须具备内在动机，同时培养自主性。
- 为了让员工乐于学习不一样的职业技能，领导者必须在公司内部营造心理安全的氛围，鼓励员工积极探索和不惧失败。

赶快升级员工技能吧！数字人才之争可谓十分激烈。你的重点应放在升级公司内部人才的技能上，而不是只想着从外面招聘新的人才。干货技能可以学习，但建立系统的知识体系需要时间。这种新的教育范式意味着，为了保持竞争力，员工和组织必须持续、长期升级其技能，以保持竞争力。

结语

时不我待

没有改变，就不会有进步。连想法都无法改变的人，注定什么也改变不了。

——萧伯纳（George Bernard Shaw）

当下，所有企业都在面临数字化转型的影响，所有工作都在被数字工具改变，即使有时候改变并不明显。在本书中，我们阐释了这种情况发生的成因。同时，我们也探讨了为什么仅凭技术能力和对新科技的浓厚兴趣并不足以保证在数字经济中获得发展，以及为什么不能靠他人来引领自己的数字化转型。

在充斥着数据、算法和人工智能的今天，想要做到出类拔萃，首先要意识到，如果不具备数字思维，成功将变得越来越难。

数字思维的转换

本书的每一章都涵盖不同的领域，旨在促进新的思考和行动方式的养成，帮助你在各领域的数字能力上都达到至关重要的 30% 的水准。你已经了解了人工智能和机器学习算法的工作原理、如何与 AI 伙伴进行交互、如何建立数字化存在感、如何给数据分类并创建数据集、统计学方法可以从数据中解读出哪些信息、数据安全事故为何会爆发、区块链如何促进新型交易、如何快速开展实验并与碍事的官僚主义抗争，以及如何建立拥抱数字变革和鼓励持续学习的企业文化。

你已经学习了很多技能。但正如我们在本书开头所说，拥有数字技能并不等同于拥有数字思维。培养数字思维意味着通过新学到的数字技能以全新的视角看待世界，并改变自己的行为。当你对待协作、计算和变革的态度和方式有所改变时，数字思维也就养成了。

在重塑人机协作的方式时，关于人工智能如何通过训练来识别文本和图像，并按照特定方式对其进行分类，以便最终能够自主地识别、分类和预测数据，你已经有了初步了解。在与 AI 合作时，即使你无法透过黑盒来完全掌握它们的工作原理，但至少你已经知道它们得出结论的流程。在此基础上，你可以询问它们的训练模式，以评估 AI 是否可能带有某种偏见。这也将帮助你判断 AI 所给的建议的可信度，精英作战部队也是这么做的。

你已经知道要把 AI 当成机器，而不是人。我们确实很容易掉入把机器当成人的陷阱，但是日程安排机器人埃米的例子告诉我们，忘记技术的本质会造成大麻烦。

你还学会了如何有效维持数字化存在感。数字时代人与人合作模式的显著变化是，各种关系目前都主要通过数字媒介来维持，不论是个人的、工作上的还是恋人之间的关系。讽刺的是，数字工具让人们可以在不同时间、不同地点共同工作的同时却带来了新的问题：心理隔离。为了弥合这种距离，我们只好过度沟通，比如在社交平台上频繁上传自己的照片，或者在斯莱克平台上向同事们发送大量消息。然而这样做恰恰会产生反作用。赫伯特·西蒙（Herbert Simon）曾发现，在面对超过自己处理能力的信息时，人们只会选择性地关注与自己有关的那一小部分信息，然后忽略其余部分。

他也因为这一研究获得诺贝尔经济学奖。数字时代就是存在着这样的恶性循环，你为了得到别人的注意力努力沟通，但对方反而更不愿意理睬你。

你已经掌握了能够在数字时代与机器和人类高效协作的工具。除了将AI视为机器而不是人类之外，你还知道如何培养自己的数字化存在感，从而在繁杂的信息中与他人取得联系。

很多读者在阅读本书之前都不知道如何系统地处理计算问题，你可能也是其中之一。但是，在克服重重挑战之后，你已经明白了计算机是如何处理行为、文本、照片和其他数据的，又是如何把它们转化为我们能够理解的事物，以及如何指导我们应该采取哪些行动。你也一定意识到了，在数字时代，想要成为精明的消费者，必须打好统计学推理的坚实基础。

掌握分析和统计学的知识会给我们带来丰厚的回报，可以帮助我们更好地理解、追踪和利用源源不断的数据。现在你已经知道，互联网上的一切行为都会产生数字排放，不管是发邮件、给朋友或同事发消息、浏览网页、使用搜索引擎、还是点赞某人的帖子、评论图片、预约一次会面、开视频会议、签到等。数字排放是使用数字工具的衍生产品。供应商、公司、雇主、执法机构……所有能够接触到数字排放的人都可能知道你和谁互动了，你说了什么或者做了什么。数据分析师会把数据输入到高级的统计学模型中，然后进行一些常规的预测，比如你想买哪款水乳，或者你想买什么颜色的车。当然，统计模型也可以预测影响重大的事情，比如你是否会辞职或者你是否会犯罪。

你会相信这些预测吗？你如何把它们纳入决策过程呢？或者说，你应该这样做吗？由于你已经对计算有了新的看法，这些问题你已经能够思考并解答了。统计学推理的相关知识可以帮助你判断来自各种数据排放的数据是否真实可靠，以及分析所得出的结论是否行之有效。从城市模拟器的例子中，你也学会了更有说服力的数据呈现形式。即使你以前不了解具体的计算处理方法，现在你也已经知晓了。而这个方法会帮助你成为聪明的消费者和有数据洞察力的生产者。

在接触了来自各行各业的公司案例后，我们不难看出，数字技术不是一成不变的，它们会针对不断变化的数据源运行新习得的计算。而且，随着数字技术不断变化，它们的应用也会发生变化。这也就意味着组织和组织中的人也处于不断的变化之中。

我们也讨论过安全相关的话题。想要在数字时代中获得发展，安全必须要不断进化。我们还提到，数字经济面临不断涌现的快速变化，这意味着很难准确预测哪种组织架构最有效，或者哪种产品设计将大获成功。数字思维让我们明白，实验可以帮助我们以最好的姿态迎接和应对变化，而且我们也具备灵活应对变化的能力。

最重要的是，数字思维告诉我们，影响我们职场生活的正式和非正式结构都在不断变化。对数字化组织来说，能够快速处理和利用数据是成功的关键。敏捷团队对一些组织来说是最好的选择，因为团队的组建和解散都非常灵活。

为了实现持续变革，我们需要花时间来推动数字工具的部署，并确保它们与你的主要目标对齐，这也是数字思维传授给我们的经验。你现在已经对如何规模化培训员工有了充分的了解。毫无疑问，数字化培训不能中止。数字时代的员工必须不断发展技能，甚至他们的上司也是如此。永无止境地学习绝不仅仅等同于每年多学一项新的工作技能。工作本身也在不断变化，员工必须随着变化作出调整，从而保持自己的职业竞争力。数字思维告诉我们，变化不是一次性的事件。正相反，变化是不会终止的，这个过程需要缜密的计划、频繁的干预和大量的关注。

每个人都有超能力

在这段旅程中，你已经不知不觉积累了很多技能。通过学习这些技能，你在面对协作、计算和变革时将更加游刃有余。在这个千变万化的时代，你一定能够做到细致入微地观察，鞭辟入里地思考以及敏捷灵活地应对。

数字思维就是你的超能力。有了这项能力，前所未有的机会正在等着你去发掘。这里所说的超能力绝不仅仅是会编程或者会数据分析，而是让你更加自信地讨论技术类话题，你掌握的技术语言也为你开辟了新的可能性。

数字思维可以帮助你在数字化未来里找到自己的位置，而这才是数字思维的关键。你也是开拓数字化未来的一分子，未来你和你周围的人都将从中受益。虽然这不像在非洲种土豆那样直观，但是事实一次又一次地证明了数字思维不仅可以帮人们取得当下的成功，还可以给人们提供未来的发展方向。

附录

持续学习案例

作为对第7章提及的持续学习原则的补充，接下来我们将举7个学习项目的例子，阐述各公司对于培养员工技能和提升数字能力的大力投资。其中，有些公司会开发内部课程，建立学习中心，有些公司选择与外部机构合作，还有些公司则结合以上两者为员工成长提供支持。这些项目都取得了非常出色的结果。

美国第一资本投资国际集团

美国第一资本投资国际集团是由美国银行控股的一家公司，它将技术作为业务核心，自主开发软件，招募充满创新精神的软件工程团队并改进现有的IT运营模式。美国第一资本投资国际集团建立了名为科技大学（Tech College）的内部大学，为所有员工提供综合技术课程。以下是这所大学的主要特色：

- **由工程师建立，面向工程师开放。**学习课程贴合实际需求，提供有用的知识和技能。

- **广度和深度兼具。**课程涵盖了12个重要学科，其中包括软件工程、移动应用、机器学习/人工智能、云计算、网络安全和数据等。
- **混合学习。**课程形式包括在线课程、面对面研讨会、集训营和远程学习平台（如优达学城、通用课程和科赛拉）培训等多种形式，每位员工都能拥有混合学习的体验。
- **向领导者学习。**技术专家向同事们传授新的知识，并激励同事们探索行业前沿，从而增强用户体验。
- **全员学习。**无论之前是否有相关工作经验，公司所有员工都可以获得学习机会，这有利于鼓励员工在不同部门和职能之间共享知识和技能，促进沟通并提高敏捷性。

声破天

声破天是一家音乐流媒体供应商，总部位于瑞典。该公司认为其持续学习的公司文化是他们成功的关键。他们创造的流媒体平台本质上是一个全新的行业领域，并且对音乐行业产生了深远的影响。他们以“混合学习”的形式提供课程，让员工自主选择最适合自己的学习形式，其中包括线下或线上课堂、在线自学、知识共享社群和考试。课程时长普遍较短，这样员工即使在工作日也可以抽空学习。声破天采用的学习模式包括以下6个关键点：

- **视野和目标。**声破天的领导者借用自我决定理论，明确传达公司的愿景，以便员工可以对个人目标做出相应调整。
- **自主。**点对点和去中心化意味着声破天所有员工都要对自己的学习负责，同时员工之间可以互相学习和共同成长。
- **自治。**声破天不直接管理员工，而是给团队设定具体目标。不过声破天专门设立了一个负责学习和发展的中央团队（即温室团队），来帮助员工团队规划实现目标的路径。

- **接受失败。**声破天的公司文化不仅接受失败，而且非常珍惜从失败中学习的机会，他们认为这是成功的关键。接受失败对任何人来说都不容易，所以领导者应该将自己的失败作为示范，让员工们获得心理安全感。
- **享受混乱。**声破天摒弃了固有的自上而下的学习方式，因为他们相信赋予员工自主选择的权利能够激发意想不到的创意，培养公司在数字时代的竞争优势，即创新性、敏捷性、适应性。
- **交互。**通过让员工自由选择学习形式，可以为他们提供更多合作和创新的机会。员工在学习过程中可以分享彼此的兴趣、疑问、想法和学习经验。

椰普

作为最大的点评平台之一，椰普早在多年前就将持续学习视作公司文化的重要部分，当时这个概念的普及程度远不如当下。2017 年的一篇报道《内部学习：椰普如何打造成功的学习文化》总结了椰普构建持续学习环境的几个要素：

- **员工自主管理。**与正规化和强制性的培训项目不同，椰普员工有权决定自己的课程内容。比如，该公司的工程团队每周五都会邀请一位嘉宾演讲者来共进午餐。由于邀请嘉宾通常是公司内部员工，所以椰普各部门之间有机高效的知识交流也得到了促进。销售部是椰普最大的部门，该部门推出了一个完善的认证计划，用于培养初级销售人员。这个计划专门为销售团队量身定制，不仅给新部门成员提供了动力，也向他们展示了清晰的向上流动路径。
- **横向学习。**除了针对各部门提供高度个性化的学习方案以外，椰普还开展了面向全体员工的“椰普豆”学习计划，帮助员工认识更多同事并向他们学习。员工可以自行选择是否参与该计划。通过与他人交流，员工可以为公司业务提供新思路，员工之间的相互了解也可以增强组织的凝聚力。

- **服务型领导。**椰普的指导原则是“领导者即教育者”，也就是说领导者除了管理公司业务，也要承担起导师的角色，关注团队成员作为员工和个人的成长。椰普还邀请了公司以外的领导者加入“椰普教学拓展”活动。邀请对象包括斯坦福大学和伯克利大学的导师以及各行各业的内部人士。
- **游戏化。**椰普一直都有举办黑客马拉松的传统，参与者会被分成不同的小组，并在为期两天的时间内研究创意点子。黑客马拉松中往往会出现创新性解决方案，而且也让团队成员能够认识新的人，并进行有机的交流学习。
- **拓展角色。**椰普的工作角色一直都是开放性的，它的员工也能够同时扮演多重角色。员工一开始可能会觉得很有挑战性，但他们确实能够得到飞速成长，并且更深入地投入公司的使命中。

美国电话电报公司

美国电话电报公司每年在内部培训项目上投资2.2亿美元，提供近2000万小时的培训和3000万美元的学费资助。由于公司的大力投资，至少有14万名员工积极参与到新技能的学习中。该公司的持续学习文化有以下三个特点：

- **横向流动性。**鼓励员工学习新技能，在其他部门探索新的职业机会。
- **服务型领导。**担任导师的领导者会给员工提供精神支持、战略性意见和诚实的反馈，并鼓励员工勇敢追求新的成长和学习机会。

- **向上流动性。**员工在选择学习路径时可以参考公司对未来工作需求和趋势的预测，了解哪些领域有发展潜力、哪些领域可能面临风险。

西太平洋银行

西太平洋银行是澳大利亚最大的银行之一，它通过学习平台推出了一个面向全体员工的培训计划。在这个社会化的学习环境中，员工可以基于精选的学习内容创造并分享自己的学习材料。同时，公司还鼓励员工根据不同的兴趣领域建立学习社群，并且重点关注有巨大发展潜力的内容。此外，西太平洋银行还与一家名为格欧万（Go1）的澳大利亚教育科技初创公司展开合作，为员工提供专门的持续学习平台交易学院（Broker Academy）。格欧万具备西太平洋银行所没有的教育专业知识水平。这个平台有两个格外突出的特点：

- **员工自主性。**员工可以通过任何电脑和手机访问该平台。平台上的课程涵盖了各种主题，包括合规性、商业战略、领导力和员工福祉，等等。员工可以根据个人日程选择最适合自己的学习内容和学习时间，每位员工的学习体验都由自己主导。
- **内容精选。**为了确保平台提供的知识与工作相关且实用，每个主题都设立了焦点小组，基于收集到的数据对课程内容进行了精炼。

缤客网

缤客网是一家旅游和酒店代理商，在营造持续学习的氛围时，该公司主要遵循以下原则：

- **横向流动性：**员工通过指导培训有机会进入不同的部门，承担不同的角色。

- **心理安全感：**公司提供了一个安全的环境，让员工放手去尝试，并接受可能伴随而来的失败。
- **纵向流动性：**为了增加员工忠诚度，公司致力于帮助员工成长和晋升。公司的目标是给想要成为领导者的人提供机会，而不是让人才流失掉。

飞利浦

飞利浦是一家健康科技企业，在消费者健康、家庭护理、诊断成像、影像导引治疗、患者监护和健康信息学方面处于领先地位。该公司倡导自主精神、探索精神和在岗非正规学习等，这些价值观也在该公司的学习项目中有所体现：

- **引入人工智能解决方案。**持续学习是飞利浦公司数字化转型的关键。在该公司从保健品供应商转型为数字健康服务供应商的过程中，人工智能帮助其规模庞大的员工队伍提升了技能水平。飞利浦在试图加速数字化转型时遇到了挑战。与西太平洋银行一样，飞利浦也选择向外寻求专业人士的帮助。因此，主要提供云端学习和人力资源软件的基石公司（Cornerstone）为飞利浦的持续学习环境构建了基础架构。
- **个性化。**AI可以根据学习者的特定需求和节奏调整学习方案，这样每位员工都能在最适合自己的条件下学习。比如有些学习者喜欢在快节奏的课程中保持头脑高度活跃，而有些学习者在较慢的节奏下才能更好地消化课程内容。
- **社会化。**员工还可以与同事分享他们定制的“课程播放列表”，形式类似于声破天等流媒体上的音乐播放列表。例如，销售专家的播放列表可以包含视频、短期线上课程、问答以及一些真实情境演练。平台的社交媒体功能还促进了新员工与经验丰富的老员工之间的交流，老员工可以为新员工提供指导。因此，相比于正式的配对指导，该平台采用的朋辈导师策略更加有机和灵活。

- **导师制度。**除了技术上的变革，飞利浦公司还有意识地进行公司文化上的转变，强调领导者的首要身份应该是老师。领导者不仅要管理团队工作，还要负责团队成员的未来发展。领导者还被鼓励在培训课程中分享他们各自的专业经验和知识，以及对该领域的热爱。
- **进度跟踪。**公司会收集员工的学习平台数据，用于评估持续学习与公司绩效之间的相关性。当收集的数据足够多时，他们还可以分析高绩效与培训量之间的关系。除此之外，公司还可以通过员工的学习播放列表和学习碎片，了解员工是否创造性地利用了平台资源。

术语表

30% 原则：本书最基础的原则之一。灵感来源于外语学习相关的研究，它指出，想要培养数字思维，你不必精通所有数字技能，只需要掌握为数不多的几个技术主题的 30%。这些主题也是本书的重点。

算法：用于指导怎样一步步实现给定目标的一系列指令。接收到的输入经过一系列指令处理后，可以转化为与输入完全不同的输出。计算机算法是指指导计算机工作的算法，可以帮助计算机执行各种复杂任务。算法具有 5 个核心特征：

- 算法是明确的，清楚地说明了需要实现什么。在计算机算法中，类似“选择一个大数”这样的指令就是模糊的。多大的数才能算作大数？ 100 万、1 万亿还是 100 ？每次选择的数字必须是不同的吗？还是每次都可以使用相同的数字呢？所以更好的做法是将该指令步骤改写为“选择一个大于 10 但小于 20 的数字”。
- 算法对于输入有特定的要求。例如，它可能要求输入两个大于 0 的数字、一个单词或者一个包含 0 个或多个数字的列表。
- 算法会生成特定的输出。它可能会输出两个数字中较大的一个、一个全大写的单词或者一组含有蓝色的图片。
- 算法会在有限的时间内停止运行并给出结果。如果某个算法会永远运行下去，那这个算法是无效的，因为你永远也得不到答案。
- 大多数算法可以保证给出正确的结果。即使一个算法在 99% 的情况下都能给出最大的数字，但在 1% 的情况下会给出最小的数字，那么这个算法仍是一个无效的算法。

人工智能（AI）：任何能够表现出人类智能相关特质的机器。

后端系统：包括服务器、大型计算机和其他提供数据服务的系统。用户看不到后端系统，因为它们只在幕后支持应用程序运行。

行为可见度：他人可通过你产生的数据，尤其是在线活动数据，来了解你的行为和模式的程度。

区块链：一种分布式账本，未来有可能成为像互联网一样的基础技术。区块链技术可以实现高度安全、快速、私密、点对点的交易，不需要第三方的参与。

集中趋势：一个数据集中数据最高频分布的位置。

代码（源代码）：实际构成算法的人类输入，用于指导计算机执行操作。

编程：人类通过编程让计算机遵循指令、执行算法。每种编程语言都针对特定类型的工作进行过优化，通过使用特定的编程语言，我们可以得到有一系列指令的脚本，供计算机执行。编程是数据科学家、工程师等需要处理大量数据的职业所必备的技能，但也可用于网站创建、艺术设计等领域。

计算机视觉：将数字图像和视频转换为计算机可读的二进制数据，然后根据这些数据进行分析的过程。

置信区间：对于给定样本数据集中的某个参数（如均值）的区间估计。95% 的置信区间是最常用的，它保持了一定的精确性和可靠性的平衡。

对话式用户界面：一种使用人类语言与人工智能交互的方式，通过书面或口语的方式（如 Siri）。

加密货币（如比特币）：在区块链上运行的所有数字货币。加密货币不隶属于任何银行或国家货币，它们通过直接的点对点交易方式进行，对传统金融系统构成了威胁。

数据清洗：将数据转换为 AI 模型可以理解和处理的格式的过程。

描述性统计：使用测量值对数据进行分析的过程，可以以单个数值来总结总体特征。

数字化：指数据和技术间的相互作用。数据指任何可用于参考、分析或计算的信息。数据可以是数字，也可以是被转化为数字的图像和文本，这样方便通过技术（即电脑计算）进行处理、存储和转换。

数字排放：个人在线活动所产生的元数据，也是数字足迹的构成部分。这些元数据描述了个人的行为和习惯。

数字足迹：指一系列数据（例如数字排放），这些数据可以代表一个人的行为和习惯。行为可见度越高，收集到的数字排放就越多，得出的数字足迹就越清晰。

数字思维：能够让个人和组织看到新的可能性，并利用数据、算法、人工智能和机器学习规划未来发展道路的态度和行为。

数字化存在感：指一个人在以技术为媒介的远程工程环境中的活跃度和突出度，可以评估员工是否使用数字工具进行积极、清晰的交流，做出相应的贡献并得到团队成员的理解和认可。

数字化转型：组织通过利用数据和人工智能、机器学习、物联网等数字技术，重新设计基础工作流程，培养新的技术能力，更好地适应快速变化的环境。

离散程度：描述统计量分布范围离散程度的指标。

事实性：指某个事物（例如数据）可以被认为是绝对真实和准确的。

前端系统：指整个技术堆栈中，你、你的员工和你的客户可直接交互的所有技术和数据源，比如应用程序上的用户界面。

假设检验：比较数据集中两个汇总统计量的过程。首先需要提出“零假设”。“零假设”通常较为保守，一般我们假设维持现状（例如，“两个被比较的参数之间没有差异”）。然后再提出一个备择假设（例如，“两个参数实际上存在差异”）。如果有足够的统计学证据支持备择假设，那么我们就拒绝零假设，接受备择假设。相反，如果没有足够的统计学证据，那么仍然保留零假设。

推断统计：使用样本数据来检验假设并对总体进行估计的过程（或者说，某数据集的汇总统计数据反映总体情况的概率）。

机器学习：计算机算法通过数据分析自动识别模式，并在没有人类程序员干预的情况下不断生成新规则来改进其预测和推理的能力。处理的数据越多，算法获得的知识就越多。

均值：衡量集中趋势的一种指标。计算方法是将数据的每个值相加，然后除以数量。

中位数：衡量集中趋势的一种指标。数据范围中处于中间位置的值即为中位数。

元知识：关于"谁知道什么"和"谁认识谁"的知识。

中间件：连接前端和后端的软件，在数据库和数据之间实现通信。

众数：衡量集中趋势的一种指标。样本集出现次数最多的数值即为众数。

共有知识问题：指在远程协作中缺乏背景信息共享导致的沟通障碍。

自然语言处理：将人类语言转换为计算机可读的向量或二进制编码的过程。

神经网络：一种机器学习模型，能够通过训练模仿人类神经网络，自动对数据中的特征进行分类。

预测性统计：使用统计模型来预测结果。

从保护隐私着手设计（PbD）：由安·卡沃基安博士开发的产品设计框架，其中包括7个关键原则。从保护隐私着手设计意味着在开发阶段就将隐私保护作为首要考虑因素，而不是等到违反法规之后再进行补救。

编程语言：用于编写命令和指令的语言。编程人员使用编程语言来创作算法。

p值：在零假设成立的假设下，观察到样本集的某个检验统计量的概率。p值较小意味着支持备择假设的理由就更充分。

极差：表示数据集中最高值和最低值之间的差的指标。

回归模型：用于分析两个或多个变量或因素之间关系的模型。

强化学习：机器学习的高级阶段，算法随着处理数据的不断增加会自动调整其分类规则。

软件即服务： SaaS，特指一种商业模式。在软件即服务模式下，用户通过订阅来获得对软件的访问权和使用权。软件的许可权和托管服务统一由提供软件的公司或服务提供商负责。

脚本： 由多行代码组成的文档，常用于组成算法。

显著性水平： 一个指定的阈值。p 值超过该阈值，则无法拒绝零假设，不能接受备择假设。常见的显著性水平是 0.05。如果 p 值低于 0.05，则拒绝零假设，接受备择假设。如果 p 值高于 0.05，则拒绝备择假设，接受零假设。

智能合约： 区块链的应用之一。这些合约可以自动且立即执行条款，而不需要第三方介入。智能合约目前已经改变了版税、租赁、遗嘱、契约等合约的处理方式。

标准差： 衡量数值与均值的离散程度的一种指标。

监督学习： 机器学习的初级阶段，程序员训练一套算法，用来将数据进行分类。

技术债务： 由于数字生态中技术、工作流程和能力要求变化十分迅速，组织需要预留一定的时间和资源来持续更新现有或旧的基础架构。

技术堆栈： 用于开发和运行单个应用程序所需的所有硬件和软件系统。

转型期： 组织从熟悉的组织架构、工作流程和文化规范转变为一个全新体系的过程。

第一类错误： 在假设检验中，当零假设实际上为真时，拒绝零假设。

第二类错误： 在假设检验中，当备择假设为真时，未能拒绝零假设。

无监督学习： 机器学习的高级阶段。在这个阶段中，算法会自动将数据进行分类。

方差： 衡量离散程度的一种指标，用来计算数值与均值之间差值的平方的均值。

向量： 由一组数字组成的字符串，可被计算机读取。

致谢

我们对数字思维的探索始于千禧年初，那时我们刚刚开始攻读斯坦福大学管理科学与工程博士学位。当时我们两个人并没有工程相关背景，不过我们都曾接触过高科技公司，而且我们也深信技术会在未来的职场中成为重中之重。在与工程师共事的同时，我们也在学习新的方法和思维方式，这为我们未来几十年的工作指明了方向，帮助我们构建和完善了有关数字思维的设想。非常感谢斯坦福大学工作、技术和组织中心的史蒂夫·巴利、鲍勃·萨顿、戴安娜·贝利和帕姆·辛兹，是他们一路上给予我们鼓励并且慷慨分享他们的见解，我们能够在这条道路上不断前行离不开他们的支持。

我们非常幸运能和许多鼓舞人心的同事一起共事，他们也影响了我们关于本书的一些思考。感谢詹姆斯·巴尼特（James Barnett）、伊夫·博金诺夫（Iav Bojinov）、维托里奥·科劳（Vittorio Colao）、马尔科·扬西蒂（Marco Iansiti）、玛丽莉·尼卡（Marily Nika）、迈克尔·诺里斯（Michael Norris）、金派克（Jin Paik）、汉斯彼得·菲斯特（Hanspeter Pfister）、杰夫·波尔泽（Jeff Polzer）和塞巴斯蒂安·赖歇（Sebastian Reiche），策达尔在与他们进行深刻探讨的过程中受到了有关数字化工作的巨大启发。特别感谢埃米·伯恩斯坦（Amy Bernstein）、策达尔的侄子埃曼纽尔·门吉斯塔布（Emmanuel Mengistab）和卡里姆·拉哈尼（Karim Lakhani）在我们创作之始就给予我们宝贵的支持和见解。

保罗的工作还离不开诺思尔·康特拉克托（Noshir Contractor）、芭芭拉·奥基夫（Barbara O'Keefe）、帕布罗·博兹科夫斯基（Pablo Boczkowski）、艾斯特·哈吉泰（Eszter Hargittai）、达伦·格尔格尔（Darren Gergle）、布

赖恩·乌齐（Brian Uzzi）、威利·奥卡西奥（Willie Ocasio）、克劳斯·韦伯（Klaus Weber）、吉姆·斯皮兰（Jim Spillane）、珍妮特·科利瓦斯（Jeannette Colyvas）和伊丽莎白·格伯（Elizabeth Gerber）等西北大学的同事的帮助。加州大学圣塔芭芭拉分校的凯尔·刘易斯（Kyle Lewis）、马特·比恩（Matt Beane）、杰西卡·桑塔纳（Jessica Santana）、戴夫·塞博尔德（Dave Seibold）、加里·汉森（Gary Hansen）、辛西娅·斯托尔（Cynthia Stohl）、迈克尔·斯托尔（Michael Stohl）、罗恩·赖斯（Ron Rice）、琳达·普特南（Linda Putnam）和珍妮弗·吉布斯（Jennifer Gibbs）也贡献了许多宝贵的见解，本书的许多理念和例子中都有所体现。最后，保罗想向他的博士生杰夫·特里姆（Jeff Treem）、威尔·巴利（Will Barley）、凯西·皮尔斯（Casey Pierce）、萨曼莎·开普勒（Samantha Keppler）、林赛·杨（Lindsay Young）、伍（DJ Woo）、卡米尔·恩达科特（Camille Endacott）和弗吉尼亚·莱维尔（Virginia Leavell）表示由衷的感谢，他们有的已经毕业，有的还在攻读博士学位。他们在探索和建立数字思维的过程中进行的研究给保罗提供了灵感。

就我们自己而言，我们还想感谢家人们始终如一的爱和支持。策达尔的父母一直都鼓励她追求有意义的工作。特别感谢劳伦斯、加布和丹尼尔，他们激励策达尔保持好奇心。保罗的父母也总是支持他探索新领域，尝试新事物。感谢罗达、阿梅莉亚、诺拉和伊丽莎，他们一直是保罗灵感和希望的来源，他们的笑声、爱和善行给保罗的生活带来了满满的幸福。

我们也非常感激卡伦·普罗普（Karen Propp）对编辑工作的大力支持。除此之外，还要特别感谢凯勒（JT Keller）、帕特里克·圣圭内蒂（Patrick Sanguineti）和费德·查维斯（Fed Chavez），他们对本书的研究和发展做出了巨大的贡献。感谢哈佛商业评论出版社的编辑斯科特·贝里纳托（Scott Berinato），他在多次修订过程中一直给予稳定的支持。他的指导帮助我们以读者易懂的方式传达本书内容，这无疑是非常宝贵的意见。

最后感谢我们在工作中接触到的成千上万的人，可能我们在你们工作的机构里做过研究、进行过咨询、提供过建议或者教授过课程。其中有些人处于技术创新的前沿，而另一些人正在努力融入数字时代。由于人数众多，我们无法一一感谢你们的智慧和善意。但如果您在这本书中看到了自己或公司的真名、化名或影射，希望您能明白我们对你的所有指导都心怀感激。在您迈入数字化未来的旅程中，希望这本书能够对您有所帮助，让您有信心运用新的方式进行观察、思考和行动。